초등학교 선생님들이 교실 밖에서 들려주는 환상이야기

오늘의 마음 날씨를 알려드립니다

인천신석초등학교 끄적끄적 지음

작가의탄생

목차

오늘 마음 날씨, 맑음

♦

옥선아

「2023년 12월 29일 오늘 날씨: 흐림

결국엔 그날이 오고야 말았어. 말도 안 되는 과학 캠프! 엄마가 가수 히어로 티켓팅 때보다 더한 열정으로 신청했다는 그 캠프 말이야. 아무리 2박 3일이라도 그렇지. 방학식 날 바로 가야 하는 건 너무하지 않아? 취소되기를 바라면서 부처님, 하나님, 알라신, 조상님 온갖 신들에게 손이 발이 되도록 싹싹 빌었는데, 어쩜 한 분도 내 기도에 응답을 안 해주셨을까? 흥칫뿡이야. 흥칫뿡.」

"방학 잘 보내고, 통지표 꼭 챙겨서 부모님께 보여드리세요. 이상."

선생님의 목소리에 연서는 쓰고 있던 일기를 덮었다. 혹시나 하는 마음에 창문 너머를 흘긋 바라본 연서의 미간이 삼지창 모양으로 찌푸려졌다. 학교 정문에 엄마의 차가 보였기 때문이다.

'벌써 와있을 것까지야. 엄마도 참.'

마음속으로 툴툴거리며 가방을 챙기던 연서의 옆에 세나가 다가왔다. 세나는 6학년에서 제일 인기가 많고 예쁜 아이다. 연서는 이렇게 눈치 없고 답답한 아이가 왜 인기가 많은지 의문이었지만 말이다. 연서는 옆으로 다가온 세나가 인사만 하고 가길 바랐지만, 그대로 지나가면 눈치 꽝 홍세나가 아니었다.

"연서야, 오늘 과학 캠프 간다며? 어쩜 좋니? 우리 오늘 진짜 진짜 재밌게 놀 계획이었는데. 너 되게 되게 아쉽겠다."

세나는 '진짜 진짜'와 '되게 되게'를 강조하며 말했다.

'홍세나 얘는 또 사람 속 긁는 말만 하네. 누군 안 가고 싶어서 안 가냐고.'

부글부글 끓어오는 속마음을 뒤로 한 채 연서는 애써 웃으며 대답했다.

"그러게 나도 너무 아쉬워. 내 몫까지 재밌게 놀아줘."

그러자 세나는 씩 웃으며 덧붙였다.

"아 맞다. 그럼 우리 저번에 놀러 가려고 모은 돈, 그냥 같이 써버려도 되는 거지? 어차피 너 용돈 많이 받잖아. 응?"

오. 마이. 갓! 연서는 커다란 돌에 가슴 한가운데가 짓눌린 듯 답답해지고 말았다. 여기서 싫다고 말하면 세나가 실망하여 친구들과 수군거릴 것이 분명했다. 연서 표정이 어쨌다느니 두 배는 부풀려서 말이다. 연서는 상상만으로도 아찔해졌다. 그렇다고 내 용돈을 함부로 쓰는 이 나쁜 애 한마디도 못 하고 넘어가면 안 되지 않을까? 잠시 망설이던 연서는 쥐어짜듯이 말했다.

"그래, 어차피 나도 못 가서 미안하던 참이었는데. 당연히 써도 돼."

마음 한가운데만 꽉 막힌 게 아니었나 보다. 목이 막혀 목소리가 크게 나오지 않았다. 그러거나 말거나 세나는 아랑곳하지 않고 곧장 대답했다.

"하여간 최연서 착한 건 알아줘야 해. 고마워, 캠프 조심히 다녀와."

손을 흔들며 교실 문을 나서는 세나를 보며 연서는 한숨을 푹 쉬며 생각했다.

'그거 나도 힘들게 모은 돈인데…….'

'착한 척하는 나, 너무 싫다.'

생각에 잠겨 터벅터벅 걸어오는 연서를 보며 엄마가 답답하다는 듯이 고개를 저었다. 이어 빵빵하고 자동차 경적이 들리자 연서는 화들짝 놀라 차로 달려갔다.

"통지표는?"

뒷자리에 탄 연서에게 엄마는 인사도 없이 손만 내밀었다. 최소한 눈이라도 마주쳐줘야 하는 거 아닌가. 연서는 괜히 심술이 나서 꼼

지락거리며 느릿하게 통지표를 건넸다. 통지표에는 전 과목 모두 쌍동그라미가 빼곡했다. 꼼꼼히 보던 엄마는 통지표의 마지막 부분까지 확인을 마친 뒤에야 연서를 보았다.

"그래, 이 정도는 해야 내 딸이지."

지난 여름 방학, 과학 과목에서 동그라미가 하나 나와 일주일 동안 연서를 투명 인간 취급했던 때와는 사뭇 다른 반응이었다.

'참나, 그때는 남의 딸이었나?'

순간 연서는 쌍 동그라미가 아니었던 지난 성적 때문에 과학 캠프에 끌려가게 된 것인가 싶어 간담이 서늘해졌다. 연서 엄마라면 그러고도 남을 사람이었다. 이번엔 과학도 쌍 동그라미인데, 그럼 캠프 따윈 안 가도 되는 거 아닐까? 가고 싶지 않다는 말이 곧 터져 나올 듯 연서의 입에서 맴돌았다.

"엄마 나 과학 캠프 있잖아……."

속마음이 불쑥 터져 나오려던 그때, 엄마의 실망스러운 표정과 한숨 소리가 떠올랐다. 상상만 했는데도 연서는 나쁜 사람이 된 것처럼 고개가 절로 푹 숙여졌다.

"과학 캠프가 왜? 넌 좀 우물거리지 말고 빨리빨리 말해. 선생님한테도 그렇게 우물거리는 건 아니지?"

"아……. 아니야. 캠프 너무 재미있을 것 같다고."

엄마는 어깨를 으쓱하곤 시동을 걸며 말했다.

"그래. 시간 늦겠다. 얼른 가자."

연서는 엄마의 말에 무어라 대꾸조차 하지 않고 고개만 끄덕였다. 이것보다 더 가고 싶은 척 거짓말을 할 수는 없었다. 시동 소리에 이어 엄마가 즐겨듣는 클래식 음악이 나오자 연서는 백미러에 잘 보이지 않는 자리로 슬그머니 몸을 낮추어 앉았다. 그러곤 가방에서 조심스럽게 일기장을 꺼냈다.

「2023년 12월 29일 오늘 날씨: 여전히 흐림
엄마도 홍세나도 너무 미워. 특히 홍세나는 얼굴만 예쁜 악마라니까. 아니지, 마녀야 마녀.」

'너무 심하게 썼나? 에이 뭐 어때 일기는 나만 보는 건데.'

잠시 고민하던 연서는 조금 더 편하게 자세를 고쳐 앉으며 일기를 이어 썼다.

「그나저나 난 왜 이렇게 답답하게 아무 말도 못 할까? ㅠㅠ
"엄마, 나 열심히 공부했으니까 캠프 안 가고 친구들이랑 놀고 싶어."
왜 이 말이 안 나오냐 이거야. 아까 홍세나 때는 어떻고. 그 얄미운 애한테 내 돈 쓰지 말라는 말이 안 나오는 거지? 하긴 걔는 이 애 저 애 욕하면서 인기를 유지하니까 그런 애한테 내가 어떻게 당당하게 말할 수 있겠어. 그런 말을 했다가 애들이 다 날 싫어하면 어떻게 해. 어휴, 몰라. 몰라.」

일기를 써도 마음속 안개는 걷힐 기미가 보이지 않았다. 연서는 답답한 마음에 일기장을 탁하고 닫았다.

어느새 도착한 캠프장에는 아이들이 와글와글 모여있었다. 차에 내려 엄마와 작별 인사를 나눈 연서는 핸드폰으로 엄마가 보내준 캠프 안내 문자를 보며 건물로 들어섰다. 문자에는 '6학년 A반, 3층 과학실로 찾아오세요.'라고 적혀있었다.

과학실 앞에 다다른 연서는 심호흡을 크게 하고 뒷문을 열었다. 칠판을 보니 3명씩 모둠별로 짝이 지어져 있었다.

'송재하, 최연서, 박인혜'

칠판에 적혀있는 자리표를 확인한 연서는 책상 사이로 자신의 자리를 찾아 걸어갔다. 주변에는 이미 두 명의 아이들이 앉아있었다.

그때 드르륵하고 앞문이 열리며 선생님이 들어왔다.

"첫 시간은 모둠끼리 모여서 구름 생성 실험을 할 거예요. 우선 모둠 친구끼리 서로 인사를 나눠볼까요?"

"안녕, 내 이름 송재하."

"나는 박인혜."

"안녕, 나는 최연서야."

"실험하기 전에 각자 맡을 역할을 정하세요. 실험 준비와 정리, 실험보고서 작성, 실험 과정 촬영 및 업로드 이렇게 세 가지입니다."

선생님의 말씀이 떨어지자 모둠끼리 웅성대는 소리로 교실이 소란스러워졌다.

연서는 실험 준비와 정리를 하고 싶었지만 어떻게 말을 꺼낼지 몰라 눈치를 보며 앉아있었다. 그때, 재하가 말했다.

"난 촬영해도 될까? 영상 촬영하는 거 좋아하거든."

그러자 인혜도 이어 말했다.

"그래? 그럼 내가 실험 준비랑 정리할게. 연서 넌 실험보고서를 쓰고. 어때?"

"어?"

원하는 역할을 스스럼없이 툭툭 말하는 아이들의 모습에 연서는 당황스러웠다. 쉽고 재밌는 건 자기들끼리 가져가고, 어려운 걸 연서에게 시키는 것 같았다. 두 친구의 시선이 느껴진 연서는 우물쭈물하며 대답했다.

"어……. 그래."

그러자 인혜가 의자에서 일어서며 말했다.

"그럼 각자 필요한 것들 챙겨오자."

연서와 재하도 따라 일어섰다. 연서는 스스로가 답답했다.

'여기서도 착한 척만 하네. 난 왜 싫다는 말이 안 나오는 거야?'

슬며시 찌푸려지려는 미간을 펴며 연서는 실험보고서 종이를 가져왔다.

한 번에 실험에 성공하겠다는 인혜의 호언장담과는 다르게 구름은 만들어질 기미가 안 보였다.

"이 정도 됐으면 향을 피워서 넣어야 해."

참다못한 연서가 말했다. 그러자 인혜는 연서 쪽으로 눈을 치켜뜨며 말했다.

"이건 내가 할게. 넌 보고서에다가 아까 그 부분 고쳐서 써. 나중에 까먹으면 어떻게 하려고."

연서가 도와주려고 하면 그때마다 인혜는 보고서나 고치라며 실험 기구도 못 만지게 했다. 그래 놓고는 촬영하고 있는 재하한테는 도와달라고 말하다니. 선생님께서 실험은 다 같이 하는 거라 분명히 말씀하셨는데 말이다. 그리고 또 한 가지.

"연서야, 내가 이 실험 해야 하니까, 넌 저쪽에 가서 선생님이 말씀하신 것 좀 받아 와줘."

선생님이 분명 실험 준비 담당이 앞으로 나오라고 말씀하셨는데, 인혜는 자꾸 연서에게 실험 준비물을 받아 오라 말했다. 연서는 자꾸 귀찮은 일들만 자신에게 시키고 재밌는 활동을 독차지하려는 인혜가 얄미웠다. 그때, 재하가 말했다.

"인혜야, 선생님께서 실험 과정에는 다 함께 참여하라고 했잖아. 우리 서로 돌아가면서 한 번씩 하는 건 어때? 나도 실험 과정에 온전히 참여하고 싶거든."

재하의 목소리는 부드럽고 단단했다. 연서는 침을 꿀꺽 삼키며 재하와 인혜를 번갈아 살폈다. 싸움이 나면 어쩌지.

"그래. 생각해보니, 나만 너무 많이 하긴 했어. 자, 여기."

거절할 것 같았던 인혜는 재하에게 순순히 구름 생성기를 건네어 주었다. 재하는 인혜에게 고맙다고 하더니 연서 쪽으로 고개를 돌리며 말했다.

"연서야, 나 먼저 하고 나서 너 줄게."

"응, 고마워."

걱정과는 다르게 인혜는 전혀 기분이 상해 보이지 않았다. 오히려 재하가 실험하는 동안 촬영을 도와주겠다며 카메라를 이리저리 옮기기까지 했다. 연서는 그런 모습이 신기했다. 재하의 말에는 요술 같은 힘이 있는 걸까? 분명 인혜의 기분이 상할 줄 알았는데 말이다.

"자, 이제 15분 정도 남았습니다. 마무리하세요."

어느덧 연서의 차례까지 끝나자, 마무리를 알리는 선생님의 목소리가 들렸다.

'이것만 마무리하면 쉴 수 있겠다.'

실험보고서 두 쪽을 완성하려면 시간이 빠듯했다. 연서는 실험보고서를 쓰기 위해 서둘러 연필을 잡았다.

'선생님께서 다음 수업 시간까지 30분 정도 쉰다고 해주셨으니까 그나마 다행이야.'

그렇게 생각하며 첫 문장을 쓰고 있을 때, 인혜가 불쑥 말했다.

“아, 억울해. 나만 실험 많이 한 것 같잖아. 재하 네가 실험 정리해 주면 안 돼? 부탁할게. 나 정리까지 하면 너무 힘들 것 같아.”

‘헉. 박인혜 쟤 왜 저래.’

연서는 눈을 동그랗게 뜨고 인혜를 쳐다보았다. 재하도 표정을 굳힌 채 인혜를 쳐다보았다.

“네 마음은 이해가 되는데, 난 지금 촬영 영상 업로드도 해야 해서 정리까지 하게 되면 시간이 없을 것 같아.”

굳은 표정과는 다르게 재하의 목소리는 차분했다. 그리고 단호했다.

“그리고 실험 준비랑 정리까지 네 역할 아녔어? 우리 각자 맡은 역할 하면 10분 안에 딱 끝날 것 같아. 조금만 힘내서 해보자.”

인혜는 삐죽 입술을 내밀었지만 별다른 대꾸를 하지 못했다. 인혜가 생각해도 재하의 말이 모두 맞는 말이었기 때문이다.

“그래. 알겠어.”

인혜는 툴툴거리며 정리를 시작했다. 재하는 그런 인혜를 보고도 별로 신경 쓰는 것 같지 않았다. 재하의 모습을 관찰하던 연서는 생각했다.

‘와, 재하 진짜 멋지다. 나였다면 그런 말은 절대 못 했을 텐데.’

거절을 무서워하는 자신과 다르게 인혜에게 당당히 말하는 재하가 빛이 나 보였다. 특히 재하는 인혜의 툴툴거리는 반응에도 전혀 주눅 들지 않았다. 연서는 집중하고 있는 재하를 힐긋 보며 다시 보고서를 쓰기 시작했다.

그날 저녁, 연서는 숙소 침대에 누워 오늘 있었던 구름 실험을 곰곰이 생각해보았다. 베개 옆에는 늘 함께하는 일기장이 있었다.

「2023년 12월 29일 오늘 날씨: 눈이 펑펑 내림
걱정과는 다르게 과학 캠프 첫날을 무사히 마쳤음. 구름 생성 실험, 자기장 실험 두 가지를 했는데, 하나는 모둠 실험이고 하나는 개인 실험이었어. 두 실험 모두 재밌었어.」

연서는 '구름 생성 실험'에 동그라미 표시를 했다. 그리곤 그 위에 작은 글씨로 인혜의 이름을 적었다.

「근데 박인혜가 계속 나한테 이것저것 시켜서 정말 얄미웠어. 실험도 계속 실패하면서 나한테 이래라저래라 명령만 하고. 지가 선생님이야? 못 하면 도와달라고 말하면 되지. 왜 심술을 부리는 거야? 어휴, 이렇게 속 시원하게 말했어야 했는데. 답답한 최연서.」

'답답한'과 '당당한'은 받침 한 글자 차이일 뿐인데, '당당한' 재하와는 다르게 '답답한' 자신의 모습이 싫었다. 절레절레 고개를 저은

연서는 일기장을 다시 가방 안에 넣고 침대에 누웠다.

캠프의 둘째 날, 연서가 일기장을 잃어버렸다는 사실을 알게 된 건 점심을 먹고 숙소에 돌아왔을 때였다. 가방을 열어 안쪽 주머니를 살핀 연서의 얼굴이 하얘지며 입술이 떨렸다. 연서가 가장 아끼는 손때 묻은 손바닥만 한 연두색 일기장. 당연히 가방 안주머니에 있어야 할 일기장이 감쪽같이 사라진 것이다. 쿵, 쿵, 쿵 심장 소리가 귓가에 들리는 것 같았다. 연서는 급하게 운동화를 구겨 신었다. 숙소로 오는 길, 눈이 내려 우산을 꺼내다 떨어뜨린 것 같았다.

'혹시 나 아닌 누군가가 먼저 발견한다면…….'

연서는 거기서 생각을 멈추었다. 그건 절대 있어선 안 되는 일이었다. 일기장은 꼭 자신이 먼저 발견해야 했다.

'아 제발. 제가 먼저 발견하게 해주세요.'

한참을 그렇게 여기저기 뛰어다녔을 때였을까.

"아이고. 그치. 그치, 어제 박인혜가 얄밉긴 했어."

급식실 앞 나무 사이에서 재하의 목소리가 들렸다.

'아…….설마…….'

왜 슬픈 예감은 늘 틀리지 않는지. 소리가 들리는 쪽으로 다가가자, 연서가 그렇게 찾았던 일기장이 재하 손에 들려있었다. 연서는 흘렸던 땀이 차갑게 식는 느낌이 들었다. 일기장을 읽던 재하가 인기척을 느끼곤 고개를 들었다.

"어? 연서야! 이거 네 거지?"

재하는 들고 있던 일기장으로 손 인사를 했다. 연서는 자신도 모르게 달려가 탁하고 재하의 손에 있는 일기장을 낚아챘다.

"넌 왜 남이 쓴 걸 허락 없이 읽어!"

아무도 없는 공터에 연서의 목소리가 크게 울렸다. 메아리치듯이 울리는 목소리에 재하의 눈이 커졌다. 잠깐의 침묵이 흐르고, 재하가 멋쩍게 말했다.

"아, 미안. 이름이 없길래 주인 찾아주느라 뒷부분만 조금 봤어. 일부러 보려던 건 아니야. 그대로 두면 젖을 것 같아서……."

연서는 당장이라도 눈물이 떨어질 것 같았다. 어쨌든 재하는 일기를 읽었다는 이야기다.

맴도는 말은 많았지만 그중 어느 하나 입 밖에 낼 수가 없었다. 친구 거라고 해야 하나, 그렇지만 이미 내가 박인혜 욕한 내용을 읽었을 텐데.

연서가 애꿎은 일기장만 돌돌 말며 고개를 숙이고 있자, 재하가 머리를 긁적이며 조심스럽게 말했다.

"미안해. 나였어도 엄청 속상할 것 같아. 그거 비밀 일기 같은 거지?"

"……."

"다른 내용은 못 읽었고, 박인혜랑 실험했을 때 쓴 거, 그것만 봤어.”

연서는 창피해서 고개를 들 수가 없었다. 연서의 눈치를 보던 재하는 말을 이었다.

“근데 그거는 나라도 얄미웠겠는데 뭐. 네 글 보니까 사이다 3잔 원샷한 느낌이더라.”

뭔가 이상했다. 앞뒤가 다르게 착한 척을 하는 애라고 실망할 거라 예상했는데, 오히려 재하는 자신을 위로하는 게 아닌가.

“정말? 나 거기에 인혜 욕도 했어.”

연서가 여전히 재하의 눈을 피한 채 작은 목소리로 웅얼대며 이야기했다. 재하는 그런 연서를 보더니 싱긋 웃으며 말했다.

“에이, 세상에 누가 그 정도 생각도 안 하고 살아? 내가 너였어도 그렇게 생각했을 것 같아. 나도 사실 어제 박인혜가 너한테만 자꾸 시키는 게 좀 이상하긴 했거든.”

“정말?”

“응. 혼자서 아무것도 못 하는 걸 보니까. 걔는 중학교가 아니라 초등학교를 다시 다녀야 해.”

재하의 능청스러운 말에 연서는 풋 하고 웃음이 나왔다. 왠지 가슴이 뻥 뚫린 것처럼 시원했다.

“어때, 내가 하는 말이 일기장 내용보다 더 심하지? 넌 착하다니까.”

재하가 어깨를 으쓱하며 덧붙였다.

"그리고 박인혜가 또 그러면 그때는 직접 말로 해보는 건 어때? 네가 일기장에 쓴 것처럼 솔직하게."

연서는 인상을 찌푸리며 고개를 저었다.

"그랬다가 걔가 나를 싫어하면? 난 그게 무서워."

그러자 재하는 팔짱을 끼며 나무에 기대곤 잠시 생각하더니 한 마디를 꺼냈다.

"네가 너를 싫어하게 되는 건 괜찮고?"

재하의 말에 연서는 자신의 마음속에 무언가 쿵 하고 떨어지는 느낌이 들었다. 연서는 여태까지 누가 자신을 싫어하는 것에만 신경이 쓰였지, 스스로 어떻게 생각하고 있는지 깊게 고민해본 적은 없었다.

'그러고 보니 일기를 쓸 때마다 나를 답답하다고 쓰긴 했어.'

불현듯 '한심하다.', '바보 같다.'라는 말로 자신을 표현했던 일기장 내용이 떠올랐다. 재하는 생각에 잠긴 듯 대답이 없는 연서를 보곤 약속의 표시를 하듯이 새끼손가락을 보여주며 말했다.

"아무튼, 일기장 내용은 비밀로 할게. 걱정 안 해도 돼."

연서도 고개를 끄덕이며 새끼손가락을 맞잡아 걸었다. 재하가 일기장을 발견하게 된 게 어쩌면 다행이었을지도 모르겠다는 생각을 하며.

오후 실험은 '눈 결정 만들기' 실험이었다. 이번 실험에서 연서는 인혜와 둘이서 짝이 되었다.

“이번 실험은 염화암모늄을 이용하여 눈 결정을 만드는 실험입니다. 끝나면 제출하고 밖에서 놀아도 됩니다.”

갑작스럽게 생긴 자유 시간에 신난 아이들은 부지런히 움직이기 시작했다.

“이번에는 네가 하자는 대로 실험할게. 빨리 끝내자.”

인혜가 연서에게 말했다. 연서는 이번에도 혼자 하게 될 것 같아 왠지 불안했지만, 실험에서 실패하는 것보단 빨리 끝내는 게 좋을 것 같아 고개를 끄덕였다.

하나 둘 씩 제출하고 나가 노는 모둠과는 다르게 연서와 인혜의 비커에는 몇 분 째 결정이 생기지 않고 있었다.

‘일단 10분만 더 기다려 보자.’

실험 과정은 빠짐없이 했으니 이제는 결정이 생기기만을 기다리면 되었다.

차분히 기다리고 있는 연서와는 다르게 그런 연서의 모습이 못마땅했던 인혜는 톡 쏘아붙이듯이 말했다.

“최연서, 네 말 대로 했는데 왜 아직도 안 끝나? 빨리 끝내고 나가서 놀아야 하는데. 아 짜증 나.”

“아, 미…….”

연서는 미안하다는 말이 나오려던 걸 멈추었다. 생각해보면 연서가 미안할 일은 아무것도 없었다. 눈 결정이 아직 생기지 않는 건, 연서의 잘못이 아니었다.

심지어 자신은 인혜가 염화암모늄이 무섭다고 해서 대신 넣어주기까지 했는데, 그런 건 까맣게 잊고 상처 주는 인혜가 미웠다. 연서는 입에 맴돌던 많은 말들을 꾹 눌러 담았다.

아무 반응이 없는 연서를 본 인혜는 부루퉁하게 팔짱을 끼며 자리에 앉았다.

몇 분의 시간이 지나자, 눈 결정이 생기기 시작했다.

"그래도 우리가 해냈어."

어색한 기운을 깨고 연서가 먼저 말을 건넸다. 하지만 인혜는 여전히 심술 난 표정으로 연서에게 말했다.

"정리는 네가 하면 안 돼?"

"뭐?"

연서는 어이가 없다는 듯이 되물었다. 인혜는 연서를 쳐다보며 말했다.

"아니, 솔직히 네 방법대로 실험해서 이렇게 늦게 된 거 아냐. 그러니까 네가 마무리 정리해야지. 늦어서 손해 본 건 나잖아."

그 말을 듣자, 연서는 눈물이 핑 돌았다. 싫다는 말이 입안에서만 맴돌았다.

대답 없는 연서를 바라보던 인혜는 가방을 챙기기 시작했다. 당연히 연서가 정리하리라 생각한 인혜는 슬며시 미소를 지었다.

그 모습을 본 연서는 머릿속에서 오늘 자신이 쓸 일기장의 내용이 떠올랐다.

「실험도, 실험 정리도 혼자 하다니 난 정말 답답하고 멍청해.」

이대로 인혜를 보내면 연서는 오늘도 자신을 답답하고 못난 존재로 생각할 것 같았다. 이제는 그러고 싶지 않았다.

'내가 말 할 수 있을까?'

연서는 침을 꼴깍 삼켰다. 손에 땀이 나는 것 같았다.

'말해? 말아? 말해야겠지? 에라, 모르겠다! 그냥 말하자!'

연서가 떨리는 목소리로 말했다.

"야, 박인혜."

가방을 챙기던 인혜가 연서 쪽을 힐끗 쳐다보며 물었다.

"왜?"

"우리……. 정리 같이하자."

인혜는 연서를 향해 얼굴을 찌푸렸다.

"뭐라고?"

긴장한 연서의 손이 조금씩 떨렸다. 연서는 마른 침을 삼키며 말했다.

"실험 방법도 우리 둘 다 동의해서 내 방법대로 한 거고. 난 충분히 열심히 했다고 생각해. 난 네가 무섭다고 그래서 네 염화암모늄도 몇 그램인지 일일이 재서 넣었단 말이야."

인혜의 눈동자가 커졌다.

"그리고 다른 모둠보다 늦은 건 나도 안타깝지만 그게 내 잘못은 아니지 않아? 난 오히려 너를 도와줬는데 모든 게 내 잘못인 것처럼 이야기하니까 서운해."

막상 말을 시작하니 이야기가 술술 나왔다. 떨리는 손과는 다르게 연서의 목소리는 또렷했다.

연서가 말을 마치자 둘 사이에 침묵이 흘렀다. 인혜는 아무 말도 하지 않고 책상 모서리만 쳐다보고 있었다. 연서는 마음이 불안해지기 시작했다. '괜히 말한 건가?'라는 생각이 들었을 때, 인혜가 오므렸던 입술을 열었다.

"미안."

인혜는 머쓱했는지 책상 모서리를 바라본 채 사과를 건넸다.

"나는 네가 그렇게 도와준 건 몰랐어."

"그리고 정리는 내가 할게."

말을 마친 인혜는 비커를 바구니에 담았다. 인혜의 귀와 얼굴이 발갛게 달아올라 있었다.

연서는 그런 인혜의 모습을 보며 마음속에서 무언가 꼬물꼬물 움직이는 듯한 느낌이 들었다. 그것은 후련함, 뿌듯함 그리고 약간의 미안함이었다.

'친구 혼자 하도록 두는 건, 나 최연서가 할 행동은 아니지.'

연서는 인혜에게 비커를 건네며 말했다.

"그래, 사과해줘서 고마워. 우리 같이 정리하자."

연서는 그날 저녁 일기장을 펴고 낮에 있었던 일을 곰곰이 생각했다.

「2023년 12월 30일 오늘 날씨: 함박눈이 내림
오늘은 정말 많은 일이 있었던 날이야. 오전에는 널 잃어버려서 찾으러 다니느라 정신이 없었어. 그래도 덕분에 재하와 뜻깊은 이야기를 나눌 수 있었지 뭐야. 내가 나를 사랑해야 한다는 그 생각 말이야, 그런 생각은 한 번도 해본 적이 없었어.」

멋진 사람이 되는 순서가 있다면, 연서는 오늘 자신이 그 첫 번째를 해낸 것 같았다.

「친구들의 무리한 부탁에도 거절하지 못했을 때, 엄마의 눈치를 보느라 솔직한 마음속 이야기를 하지 못했을 때……. 그럴 때마다 난 나 자신을 상처입히고 있었던 것 같아. 내 이야기를 솔직하게 말하지 못하고, 다른 사람의 잘못만 탓하면서 말이야.

만약 오늘 내 속마음을 이야기하지 못했다면, 난 또다시 인혜를 원망하며 스스로 한심하게 생각했겠지. 솔직하게 말한 나의 용기가 많은 걸 바꾼 것 같아.」

연서는 '용기'에 동그라미를 치고 그 위에 별 모양을 그렸다. 그러곤 일기장을 덮어 품에 안았다. 이 일기장 덕분에 재하와의 대화에서 큰 깨달음을 얻을 수 있었다.

'아주 그냥 보물이야 보물.'

연서는 슬며시 미소지으며 가방 안에 일기장을 넣었다. 그러곤 내일 꼭 재하에게 고맙다는 인사를 해야겠다고 생각하며 잠이 들었다.

캠프의 마지막 날이 밝아왔다. 그동안 실험했던 것들을 마무리하고 발표하느라 오전 수업이 정신없이 지나갔다.

"자, 2박 3일 과학 캠프가 끝이 났습니다. 여러분 모두 고생했어요. 서로 인사합시다."

선생님 말씀이 끝나자, 교실은 아이들이 서로 작별 인사를 나누느라 금세 시끌벅적해졌다.

“연서야, 안녕! 꼭 연락하자 우리.”

인혜가 앞문을 나서며 연서에게 말했다. 연서도 고개를 끄덕이며 손을 흔들었다. 인혜와 사이가 좋아져서 정말 다행이었다. 재하 덕분이었다.

‘아 맞다 재하한테 아직 고맙다는 말도 안 했는데!’

다급해진 연서는 고개를 두리번거렸다. 재하는 뒷문 바로 앞에서 친구들과 인사를 나누고 있었다.

‘무슨 말부터 꺼내야 하지.’

시선을 느낀 재하가 고개를 들었다. 재하는 연서와 눈이 마주치자 친구들에게 인사를 하곤, 연서에게 다가가 비밀을 말하듯 속삭였다.

“연서야, 아까 보니까 박인혜랑 친해진 것 같던데. 화해했어?”

연서는 고개를 끄덕였다.

“응, 네가 얘기한 대로 솔직히 말했더니. 오해도 풀리고 친해졌어.”

그 말을 들은 재하가 환하게 웃었다.

“우와. 다행이다. 사실 조금 걱정했었거든.”

“고마워 재하야. 네 덕분에 나에 대해서 깊이 생각해볼 수 있었어. 일기장 내용도…… 아무에게 말하지 않은 것도 고맙고.”

연서의 말을 들은 재하는 손사래를 치며 말했다.

“에이. 그건 약속한 건데 뭘. 그리고 허락 없이 본 내 잘못이 크지.

아무튼, 잘 해결되었다니 다행이다. 잘 지내 연서야. 또 볼 수 있으면 보자."

연서도 빙그레 미소 지으며 인사했다.

"그래. 너도 방학 잘 보내."

엄마는 오늘도 어김없이 경적을 빵빵 울렸다. 차에 탄 연서는 오늘 일을 빨리 일기에 쓰고 싶었다.

"엄마, 집까지 얼마나 걸려?"

"1시간 정도."

엄마의 말을 들은 연서는 자리를 옮기며 씩 웃었다. 시간은 충분했다.

「2023년 12월 31일 오늘 날씨: 맑음
오늘은 정말 행복한 날이야. 재하에게 고맙다고 인사도 하고, 인혜랑도 사이좋게 인사했어. 앞으로도 내 마음을 있는 그대로 전해야지. 당당하고 멋진 최연서가 될 거야.」

펼쳐진 일기장에 햇살이 비추자, 연서는 자신의 마음속에도 밝은 햇살이 비추는 것 같았다. 몽글몽글하게 피어 오르는 햇살 같은 무엇인가가 자신을 따뜻하게 만들어주었다. 연서는 그것이 '사랑' 같았다. '나에 대한 사랑' 말이다. 싱긋 웃던 연서는 일기장에 무언 갈

덧붙여 썼다.

「2023년 12월 31일 오늘 마음 날씨: 맑음」

내 말을 따르시게

◆

박서영

어김없이 조영우다. 연습 경기 때마다 내 심기를 건드리는 놈. 오늘도 조영우는 축구팀 주장인 내 말을 깡그리 무시하고 제멋대로 날뛰었다. 경기를 마친 나는 축구부실 세면대에서 차가운 물로 얼굴을 벅벅 씻어냈다. 몸서리치게 차가운 물에도 마음을 달군 열기가 쉽게 가라앉지 않았다. 마침 조영우가 머리를 적신 땀을 툭툭 털어내며 축구부실로 들어왔다. 평온한 표정의 조영우를 보니 더는 참을 수 없었다.

"야, 조영우. 너는 수비수면서 왜 그렇게 골 욕심을 내는 거야? 그렇게 잘난 척하고 싶냐?"

"하, 어이가 없네. 공간이 완전 비어 있었잖아. 골도 들어갔는데 왜 난리야?"

어이없어 할 사람은 조영우 네가 아니라 바로 나다. 아무리 같은 학년이라지만 엄연히 내가 이 팀의 주장인데 이런 건방진 태도라니.

"주장이 말하면 듣는 척이라도 해라. 코치님 안 계실 땐 내가 코치나 마찬가지라고."

"우겨서 주장된 주제에. 이태웅. 팀 분위기 좀 봐라, 이게 이긴 팀 분위기냐? 나 먼저 간다."

쾅 하고 축구부실 문이 닫히자 내 캐비닛 문이 끼리릭 맥없이 열렸다. 괜히 머쓱해진 나는 옆에 선 팀원들의 얼굴을 쳐다봤다. 아무도 나에게 동조하는 눈빛을 보내주지 않았다. 아예 눈을 피하거나, 더러는 싸늘한 눈빛이 허공을 향하기도 했다. 이대로 아무 말도 하지 않으면 주장의 권위가 무너질지도 모른다는 생각에 나는 괜히 큰 소리로 으름장을 놓았다.

"다들 이겼다고 흥분하지 말고. 이겼다는 게 잘했다는 뜻은 아니니까. 알지?"

"네에."

후배인 지형이만 겨우 들릴만한 목소리로 대답했다. 나는 차가운 팀원들의 반응에 지형이의 개미 목소리만 한 대답조차 고마울 지경이었다. 아무렇지 않은 척 옷을 갈아입는데 스치는 옷깃이 서늘하게 느껴질 만큼 얼굴이 화끈하게 달아올랐다. 명색이 주장인데, 왜 아무도 내 맘대로 움직여주지 않는 거지? 마침 코치님이 커다란 박수 소리로 정적을 깨며 요란하게 등장했다.

"다들 고생했어. 아주 훌륭한 경기였다. 조영우는 어디 갔어?"

"그냥 가던데요?"

비아냥거리듯 대답한 나는 코치님의 반응을 기다렸다. 평소 안정적인 수비를 강조하는 코치님이니 분명 무턱대고 내달린 영우에게 한 소리 할 것이 분명했다. 코치님한테 눈물 쏙 빠지게 혼나는 꼴을 봤어야 하는데, 이럴 줄 알고 미리 내뺀 건가? 그런 주제에 센 척은.

"허허, 이 놈 벌써 갔구나? 오늘 플레이 참 좋았는데. 자, 다들 알다시피 내일은 부산 광천초 조윤이 우리 축구부에 정식 입단한다. 배울 점이 많은 선수니까 다들 잘 지내도록."

연신 싱글거리는 코치님의 반응에 나는 김이 팍 새고 말았다. 영우의 플레이가 좋았던 게 아니라, 초등 리그 MVP 조윤의 입단 소식에 신이 난 거겠지. 곰팡내와 시큼한 땀 냄새가 진동하는 축구부실과 어울리지 않게 팀원들 사이에 상큼한 생기가 감돌기 시작했다. 조윤이 우리 학교로 전학 온다는 소문이 돈 후로 묘하게 형성된 기대감에 한 주 내내 불쾌하던 참이다. 절로 미간이 찌푸려졌다. 허울뿐인 주장 자리조차 위협 당하는 기분이었다.

"팀마다 전술이 있는 건데, 저희가 아니라 조윤이 배워야죠."

날이 잔뜩 선 내 반응에도 코치님은 그저 씨익 웃을 뿐이었다. 웃지 않을 때도 그린 듯이 새겨진 눈가 주름이 길고 깊게 파였다.

"우리 태웅이가 주장으로서 윤이 좀 챙겨줘. 새로운 팀에 적응하기가 쉬운 일이 아니잖아."

다음 날 학교는 부산에서 전학 온 잘생긴 축구부원 때문에 분위기가 술렁였다. 괜히 쉬는 시간마다 화장실을 오가며 1반 교실을 흘긋거리는 여자애들을 보니 속이 부글부글 끓어올랐다. 넌지시 뒷문으로 바라보니 얼굴이 허옇고 구불구불한 머리를 귀밑까지 기른 녀석이 조영우와 딱 달라붙어 깔깔대고 있었다. 저 녀석이 바로 조윤이다. 작년 초등 리그에서 날 두 번이나 제치고 골을 넣은 웬수같은 놈. 그때도 축구부 답지 않게 밀가루 바른 듯 허연 얼굴이 참 재수 없었다. 조영우는 뭐가 좋다고 조윤 옆에 딱 달라붙어 있는지. MVP랑 붙어 있어봤자 우리만 손해지. 진학 경기 시즌인데, 저놈한테 좋은 기회를 다 뺏길지도 모른다고.

조윤을 어떻게 기선제압할 것인가만 생각하다 학교 수업이 끝나고 말았다. 막상 축구부실 문을 앞에 두고는 머릿속을 채웠던 나름의 계책들이 흩날리듯 사라져버렸지만 말이다. 일단은 박력 있게 문을 열어젖혀야지. 원래 기선제압이란 그런 것이니까.

"주장은 언제 와? 태웅이라고 했나?"

"주장은 무슨. 대장 노릇 한다고 억지 쓰니까 그냥 시켜 준거야. 윤이 네가 주장이면 좋겠다."

잔뜩 흥분한 듯 거친 조영우의 목소리가 문밖으로 흘러나왔다. 평소에도 나만 보면 으르렁거리는 놈이니 기분은 더럽지만 예상 밖의 일은 아니었다.

"작년 리그전 때 선배님 플레이 영상 열 번 넘게 봤어요. 선배님과 같은 팀이라니 꿈같아요."

"그냥 형이라고 불러. 지형이 맞지? 우리 서로 편하게, 재밌게 운동하자."

"와하하, 감사해요. 진짜로 형이 주장해 주시면 안 돼요?"

발랄한 지형이의 웃음소리가 날카롭게 문을 뚫고 나와 내 가슴에 푹 박혀버렸다. 깨진 유리창처럼 마음이 와장창 무너져내렸다. 시합에 져 마구 소리를 쳐도, 지형이는 단 한 번도 내 말에 토 달지 않고 묵묵히 자리를 지켜왔다. 화를 내는 나를 두고 팀원들이 영우를 따라 우르르 나갔던 날조차도 지형이는 눈길 한 번 돌리지 않고 끝까지 내 앞에 앉아 있었다. 지형이에게만 특별히 형이라는 호칭을 허락한 이유다. 하지만 지형이는 단 한 번도 나를 형이라 부르지 않았다. 늘 깍듯하게 선배님이라 부르는 것이 주장을 향한 존중의 표현인 줄 알았다.

웃음소리가 끊이지 않고 복도로 흘러넘쳤다. 나와 오랜 시간 함께한 팀원들이, 단 하루 만에 조윤에게 마음을 활짝 열어버린 게 이해가 되지 않는다. 순식간에 나와 다른 팀원들 사이에 건널 수 없는 선이 쫙 그어진 것만 같았다. 문고리를 잡은 손에서 힘이 쑥 빠져나갔다.

발걸음을 돌려 교문을 빠져나온 나는 학교를 등지고 무작정 걷기 시작했다. 정신없이 걷다 보니 휴대전화가 위잉 울리며 코치님이라는 글자가 떠올랐다. 아마 전화기 너머에는 조윤 입단 축하 파티를

하며 하하 호호 웃고 있는 팀원들이 있을 것이다. 차마 그 소리를 확인할 자신이 없었다. 울컥 코끝이 찡하더니, 눈물이 고여 들며 눈이 아려 왔다. 뿌연 시야에 들어온 텅 빈 놀이터가 내 마음처럼 처량하고 외롭게 느껴졌다. 터덜터덜 놀이터로 들어가 빈 그네에 털썩 앉으니 고여있던 눈물이 발 끝으로 뚝 떨어졌다. 생각지도 못한 목소리가 들린 건 바로 그때였다.

"힘을 갖고 싶니? 모두가 네 말대로 움직이게 하는 그런 힘 말이야."

낯선 목소리에 화들짝 놀란 나는 비명을 지를 뻔했다. 분명 아무도 없었던 놀이터에 웬 사람이 앉아 있었다. 그것도 바로 내 옆자리에 말이다. 챙 넓은 중절모에 가려 얼굴은 잘 보이지 않았지만, 주름 하나 없는 양복이며 반짝반짝 광이 나는 구두까지 이른 오후 시간의 놀이터와는 전혀 어울리지 않는 모습이었다.

"그런 힘이 갖고 싶다고 가져지는 건가요? 그런데 아저씨는 누구세요?"

"내가 누군지는 말해 주지 않아도 언젠가 알게 될 거다. 그나저나 정말로 그런 힘을 갖게 된다면, 그래서 네 말대로 사람들이 움직이게 된다면 넌 행복할 것 같니?"

나는 아저씨의 말에 마음 가득 의심이 들면서도, 그 힘이 대체 뭔지 귀가 솔깃해졌다. 그건 실로 나에게 꼭 필요한 힘이었기 때문이다. 슬몃 입꼬리를 끌어올린 아저씨가 자신의 손목에 찬 시계를 보여 주었다.

“이 시계는 하늘의 힘을 가지고 있단다. 시계를 찬 상태로 말을 하면 상대방은 무조건 그 말을 따르게 되지. 이 힘으로 얻고 싶은 게 있니?”

“네. 축구부원들이 제 말대로, 제 마음대로 움직이면 좋겠어요.”

이상하게도 알 수 없는 힘에 이끌린 듯 속마음이 술술 흘러나왔다. 나는 처음 보는 아저씨를 앞에 두고 주장인 나를 무시하는 조영우 얘기부터, 전학 오자마자 주장 자리를 위협하는 조윤 이야기까지 털어놓았다. 그러다 기초체력훈련이 얼마나 힘든지, 식단 관리가 얼마나 힘든 일인지 시시콜콜한 말까지도 정신없이 늘어놓다 보니 어느샌가 내 손에는 시계가 쥐어져 있었고, 아저씨는 온데간데없이 사라져 버렸다. 갈색빛을 띤 가죽 시곗줄은 잔뜩 주름이 잡혀 오랜 시간 사용했음을 짐작할 수 있었는데 신기하게도 금테가 둘러진 동그란 시계 몸통은 흠 하나 없이 반짝거렸다. 나는 기대감에 부풀어 손목에 시계를 단단하게 채웠다. 말도 안 되는 일이지만 정말로 이 시계만 있으면 모든 게 잘 될 것만 같았다.

다음날 새벽, 잠결에 손목을 더듬자 단단한 시계의 촉감이 느껴졌다. 그 순간 꿈에서 침대로 내리 꽂히며 눈이 번쩍 떠졌다. 푸르스름 옅은 새벽빛에도 선명하게 빛나는 시계가 신비로워 보였다. 모든 상황을 종합해 봤을 때 이 시계가 평범하지 않다는 것은 확실하게 알겠다. 그렇다면 정말 아저씨 말대로 이 시계는 나에게 주어진 하늘의 힘인 걸까? 아니면 저주?

타닥타닥 경쾌하게 도마를 두드리는 소리가 들려왔다. 시계의 힘이 진짜인지 확인해야 할 때다.

"엄마. 라면 끓여 줘."

"뭐? 넌 운동하는 애가 아침부터 라면을 먹겠다는 거야?"

매서운 눈초리로 흘겨보는 엄마의 표정에 나도 모르게 침이 바짝 말랐다. 시합에 이긴 날조차 라면을 허락해 주지 않을 만큼 식단에 엄격한 엄마니 예상했던 반응이다. 그럼 그렇지, 판타지도 아니고 하늘의 힘을 담은 시계 같은 게 정말로 있겠어? 나는 아무런 대꾸도 하지 못한 채 나물 반찬이 놓인 식탁 앞에 앉았다.

"매운 라면? 짜장 라면?"

그 순간 엄마의 입에서 예상치 못한 말이 나왔다. 평소의 엄마라면 상상조차 할 수 없는 말이다. 하지만 안심하긴 이르다. 갑작스러운 변덕인지 정말 시계의 힘인지 확인해야만 한다.

"매운 라면. 계란도 두 개 넣어 줘. 한 개는 터트리고, 한 개는 반숙 스타일로……. 그것도 될까?"

심각한 표정으로 후우 한숨을 내쉰 엄마가 냉장고에서 계란 두 알을 꺼내 들었다. 세상에 시계의 힘이 진짜였다니. 내가 하늘의 힘을 얻었다니! 손가락 끝부터 발가락 끝까지 기쁨에 감전된 것처럼 찌릿찌릿 전기가 올랐다. 누구든 내 말에 OK를 하게 되다니 이건 정말로 내가 바라던 능력이다. 모든 팀원에게 친절하지만 나에게만 유독 으르렁대는 이태웅 한정 사냥개 조영우도, 특별히 잘 해줬더니 내 뒤통수를 친 지형이도 이 시계만 있다면 내 마음대로 조종할 수 있겠지? 물론 MVP 한 번 먹었다고 전학 오자마자 우쭐대는 조윤도 게임 캐릭터 조종하듯 마음대로 부려먹을 수 있을 것이다.

수업을 마치고 축구부실 앞에 선 나는 시계에 슬쩍 입을 맞췄다. 이건 미리 즐기는 승리의 세리머니다. 오늘이야말로 조윤에게 박력 있는 기선제압을 선보이고 말 테니까. 나는 있는 힘껏 문을 열어젖혔다. 활짝 열린 문이 요란하게 벽을 치며 쾅 소리가 났다. 잔뜩 찌푸린 영우가 볼멘소리로 투덜거렸다. 나는 말 한 마디로 단번에 영우의 입을 닫아버렸다. 역시 시계의 효과는 대단했다. 그때 해맑은 표정의 조윤이 악수를 청하듯 오른손을 내밀며 다가왔다.

"네가 태웅이구나. 난 광천초에서 전학 온 조윤이야."

"태웅이라고 하면 안 되지. 주장님이라고 불러."

유난히 하얀 얼굴에 당황스러운 기색이 비치더니, 이내 환한 웃음이 담겼다.

"알았어, 주장님. 잘 부탁해."

연습 게임 시작과 동시에 조윤은 무지하게 말이 많아졌다. 지형아 하프라인까지 올라와, 영우야 그럴 땐 헤딩으로, 규민이는 발이 좀 들리는데? 내 지시에는 꾸물대며 꼭 토를 달던 팀원들이 조윤의 병정들처럼 착착 움직였다. 헉헉대느라 마른 입안이 모래를 씹는 것처럼 까끌해졌다. 라인 너머로 흐뭇하게 조윤을 바라보는 코치님의 눈빛까지. 더는 참기 힘든 순간 조윤이 나에게 소리쳤다.

"주장님, 패스 패스. 여기 비었잖아."

한계다. 신사적인 스포츠맨십을 보여주려 했는데 저런 건방진 자식에게는 시계의 힘을 빌려 주장의 위엄을 보여주는 수밖에.

"조윤, 경기 중엔 아무 말도 하지 마. 조영우 넌 무조건 네 자리 지켜. 수비 라인 넘지 말라고."

순식간에 텅 공 차올리는 소리, 헉헉대는 숨소리, 움직임에 따라 사각대는 옷 소리만 운동장에 남았다. 어리둥절한 표정으로 아무 말도 내뱉지 못하는 조윤의 모습을 보니 그야말로 쌤통이었다.

"지형아 현호한테 패스, 현호야 어시 해! 지금!"

내가 말만 하면 명령이 입력된 로봇처럼 움직여준 팀원들 덕분에 연달아 세 골을 넣었다. 축구 게임 속 캐릭터들을 내 마음대로 조종하는 기분에 짜릿한 쾌감이 느껴졌다. 내 말 한마디에 가장자리로 밀려난 조윤은 공격수임에도 단 한 골도 넣지 못했다. 나는 적 앞에서 몸집을 부풀리는 동물처럼 어깨를 쫘악 펼치고 턱을 치켜들었다.

"거봐, 주장은 아무나 할 수 있는 게 아니야."

"역시 주장님이네. 멋있었어."

기가 팍 죽을 줄 알았던 조윤은 얄밉게도 즐거운 얼굴이었다. 마치 아무런 타격도 받지 않은 것처럼 탈의실에서 농담 따먹기를 하더니, 기어코 팀원들 앞에서 한마디 훈수를 두는 것이 아닌가.

"주장님. 이기는 것도 좋지만 일방적인 플레이는 팀원들 의욕을

꺾을 수도 있어. 어느 정도는 자기 플레이를 할 수 있게 지켜보는 게 좋지 않을까?"

"맞아. 코치님도 가만히 계시는데 왜 너 혼자 이래라 저래라야?"

영우가 얼른 조윤 편을 들며 쏘아붙였다. 다른 팀원들도 모두 동조하는 눈빛이었다. 대체 잘난 척만 하는 조윤이 뭐가 좋다고 다들 편을 드는지. 끝까지 재수 없는 조윤 때문에 머리 뚜껑이 열릴 지경이었다.

"조윤. 넌 앞으로 경기 뛰지 마. 그렇게 잘났으면 혼자 훈련하든가."

내 말이 떨어지기 무섭게 경악에 찬 시선들이 후드득 꽂혀 들었지만, 난 체기가 가신 듯 홀가분해졌다. 세 골이나 넣으면서도 조윤을 의식하느라 꽤나 피곤했기 때문이다. 무엇보다 따박따박 바른말 하는 조윤이 너무나 꼴 보기 싫었다. 조윤을 연습경기에서 제외하자는 제안에 코치님은 조용히 고개를 끄덕였다. 물론 시계의 힘 덕분이었다. 내 마음대로 할 수 있다는 것이 이렇게 짜릿한 일이었다니.

공 차는 걸 좋아해 축구부에 들어오긴 했지만 놀이터에서 차는 공과 선수로서 차는 공은 그 무게가 완전히 달랐다. 몸이 축축 바닥에 들러붙는 날에도 훈련은 나가야 했고, 좋아하는 음식도 마음대로 먹을 수 없었다. 시합을 망칠 때면 쪽팔림에 공 대신 이불을 차는 날도 많았다. 그나마 완장이라도 차면 마음대로 할 수 있을 줄 알았는데, 대표로 혼나는 날은 있어도 주장이라고 더 이득을 보는 날은 없었다. 버럭버럭 소리를 질러도 팀원들은 내 말에 늘 시큰둥한 반응이었다. 하지만 이 모든 건 시계를 얻기 전의 일이다. 이제 난 하늘의 힘을 가진 주장이다.

"코치님. 오늘은 날도 더운데 다 같이 PC방 가요. 조윤 빼고."

"식단? 그게 뭐 중요하겠어? 오늘 라면 많이 먹기 대결 어때? 아, 조윤은 빼고."

"저는 오늘 컨디션 별로라 훈련 빠질게요. 아니다, 그냥 기초 체력 훈련은 다 빠질래요."

"코치님, 현호랑 규민이를 제 양옆에 두고 전 득점만 노릴게요. 영우는 풀백 포지션 주세요."

훈련도, 식단도, 심지어 팀 내 전술과 포지션도 모두 내 입맛대로 흘러갔다. 처음엔 투덜대던 팀원들도 느슨해진 훈련과 식단에 만족하며 군말 없이 나를 따르기 시작했다. 전국 축구 리그가 코앞으로 다가왔지만 부담감도 압박감도 느껴지지 않는 짜릿한 날들이었다. 그 와중에도 조윤은 우리가 떠난 운동장 구석에서 꾸준히 기초 체력 훈련을 이어갔다.

"저, 주장님……. 할 말이 있는데."

화장실에서 손을 씻고 있는데 허여멀건 조윤이 성큼 다가왔다. 여전히 앙금이 남은 나는 팔짱을 끼고 한 발짝 물러남으로써 우리 사이의 거리감을 표시했다. 조윤은 아랑곳 않고 제 할 말을 했지만 말이다.

"훈련하는 거 쭉 봤는데, 영우 돌파력이 아깝더라고. 풀백으로 두긴 아쉽던데 좌측 미드필더로 바꿔주면 어때?"

"코치님이 정하신 건데 네가 무슨 상관이야?"

퉁명스러운 대답에도 조윤은 속도 없는지 웃는 얼굴로 대화를 이어갔다. 저것도 능력이라면 대단한 능력이다.

"코치님은 주장님 의견을 반영했다고 하셔서. 근데 요즘 훈련 패턴이 이상하던데, 쉬는 날도 많고. 혹시 무슨 문제 있는 건 아니지? 기초 체력은 하루도 쉬면 안 되는 거잖아."

이게 끝까지 잘난 척에 훈계질은. 나는 아무 말 없이 물이 뚝뚝 떨어지는 손을 탈탈 털었다. 조윤은 돌아서는 나에게 끝까지 제 할 말을 다했다. 같이 경기에서 뛰고 싶으니 마음이 바뀌면 말해달라는 얘기였다. 어차피 전국 리그에는 고학년만 출전하니 조윤이 머릿수를 채우긴 해야 한다. 순간 조윤을 골탕 먹일 좋은 생각이 떠올랐다. MVP를 수상한 스트라이커에게 후방만 지키는 수비수 포지션은 수치스럽겠지?

"내일부터 경기 뛰어. 너도 영우처럼 풀백 하면 되겠네."

실망한 표정을 기대했지만 속을 알 수 없는 조윤은 웃으며 "좋아." 하고 대답했다. 정말이지 재수 없는 놈이다.

어느덧 몇 주가 훌쩍 지나 지역 리그전이 시작됐다. 인천에서 여덟 번의 경기 후 승점에 따라 전국 리그에 출전하면 토너먼트로 우열을 가리는 방식이다. 우리 학교는 지난 3년간 전국 리그 8강 안에 들었다. 최고 성적은 준우승으로 그때 우승을 차지한 것이 조윤이 있는 광천초였다. 날 농락하듯 이리저리 골을 넣던 조윤이 MVP를 차지했던 작년 그 경기 말이다. 하지만 올해는 다르다. 작년 MVP는 우리 팀 풀백 포지션이고, 난 이 팀의 주장이자 공격수다. 무려 하늘의 힘을 사용할 수 있는 스트라이커. 8강은 문제도 아니란 소리다. 바로 나, 이태웅이 올해의 MVP가 될 수 있을 것인가. 올해는 이것만 생각하면 된다. 나는 기사 제목까지 미리 생각해 놨다. '그라운드의 진정한 대장, 카리스마 MVP 이태웅.' 시계의 힘을 사용하면 기사 제목쯤이야 내 마음대로 할 수 있겠지.

'삐익.'

경기 시작을 알리는 휘슬이 울렸다. 나는 상대편의 진영으로 돌진해 들어갔다.

"현호야, 이쪽으로 차올려."

알맞은 자리에 서 현호에게 패스를 지시하자 머리를 짧게 민 상대편 선수가 내 앞을 막으며 공을 가로챌 준비를 했다.

"저리 비켜."

당황스러운 표정의 상대편 스포츠 머리 선수가 발목에 모래주머니라도 찬 듯 느릿하게 걸음을 옮기기 시작했다. 아마 비켜서지 않으려 애를 쓰는 모양이다. 그래봤자 시계의 힘을 거역할 수는 없지. 그 사이 현호는 내 쪽을 바라보며 뻥 공을 차올렸다. 공은 아름다운 곡선을 그리며 전혀 엉뚱한 방향으로 날아가 버렸다. 상상도 못했던 일이다.

"아니, 거기가 아니라고. 지형이는 왼쪽으로 민성이는 오른쪽 막아. 야 이 바보야. 넌 또 뭐야? 저리 비켜!"

스무 개가 넘는 캐릭터가 자신을 조종해달라고 달려드는 것만 같았다. 옆통수와 뒤통수까지 눈이 빼곡히 달려 있어야 간신히 상황을 살필 수 있을 지경이었다. 내가 원하는 위치로 팀원들을 움직이고, 우리 골대로 달려가는 상대 팀원들을 멈추게 하느라 고래고래 소리를 질렀지만 잠깐 버벅대는 사이 두 골을 먹혀버렸다. 전반전이 끝나기도 전에 완전 쉰 목에서는 듣기 싫은 쇳소리만 작게 나올 뿐이었다. 코치님도 열심히 방향을 지시했지만 팀원들은 누구 말을 따라야 할지 몰라 고장 난 기계처럼 쭈뼛대거나 생뚱맞은 곳으로 가버리기 일쑤였고, 슛 기회가 와도 맥 빠진 발차기로 기회를 놓쳐버렸다.

지옥 같은 전반전이 끝나고 우리는 벤치로 모여들었다. 팀원들은 앉은 자세조차 힘든 지 헉헉대며 엿가락 늘어지듯 널브러졌다. 조윤만이 태평하게 벤치에 앉아 숨을 고르며 코치님을 바라봤다. 코치님은 금방이라도 폭발할 것 같은 얼굴이었다. 늘 웃는 얼굴에 화내는 법 없던 코치님의 표정이 무섭게 굳어 있었다. 나는 뜻대로 움직이지 않는 몸보다 마음이 더 불편했다. 시계의 힘이 최고의 전술이 될 줄 알았는데, 이 모든 것이 훈련도 빠지고, 전술도 엉망으로 짠 내 책임인 것만 같았다.

후반전엔 어쩔 수 없이 조윤을 공격수로 올렸다. 날쌘 조윤이 여기저기서 공격 기회를 만들어내며 경기 흐름이 풀리기 시작했다. 나는 시계의 힘으로 조윤을 막아서는 상대팀을 비켜서게 만들었다.

"비켜! 꽁지머리 저쪽으로 빠져. 12번 너도 이리 나와."

공을 몰아간 조윤은 상대편 골키퍼와 대각선으로 길게 마주한 상황이었다. 충분히 득점할 만한 위치였다. 상대팀 골문과 정면에 서 있는 내 위치도 나쁘지 않았다. 머릿속에 MVP의 빛나는 트로피가 그려졌다. 지금부터 연달아 득점하면 역전팀의 MVP로 화려한 타이틀을 얻을 수 있을지도 모른다.

"조윤, 나한테 패스해."

득점 기회를 눈앞에 둔 조윤이 내 외침에 볼 방향을 바꿨다. 수비수 한 명을 제치고 짧게 차올린 공은 정확하게 내 발밑 빈 공간을 파고들었다. 그림 같은 어시스트였다. 벌써부터 팀원들의 환호성이 들리는 듯했다. 나는 오른발을 뒤로 쭉 뺀 후 공을 향해 힘껏 내질렀다.

"어라?"

발만 툭 가져다 대도 득점으로 연결될 공이었다. 분명 그랬어야 했다. 내 헛발질만 없었다면 말이다. 힘껏 내지른 발은 우스꽝스러운 모양으로 허공을 가로질렀다. 당황한 나는 급히 발을 내리다 공을 밟으며 꽈당 넘어지고 말았다. 망연자실한 표정의 코치님과 팀원들의 얼굴이 보였다. 후반전은 15분도 채 남지 않았는데 어이없는 실책으로 기회를 놓치고 말았다. 결국 첫 경기는 참담한 결과로 끝을 맺었다. 어떻게든 만회를 했어야 할 나머지 일곱 번의 경기는 더 참담했다. 회차를 더해갈수록 팀원들은 무력해졌고, 조윤을 제외하고는 모두 병든 닭처럼 골골댔다. 물론 나도 다를 것 없는 처지였다. 초반엔 시계의 힘으로 어떻게든 수습을 해보려 열심히 소리를 질렀지만 마지막 경기에서는 나를 포함한 우리 팀 누구의 목소리도 그라운드에 울리지 않았다. 넘어갈 듯 헉헉대는 숨소리가 가득했을 뿐이다. MVP는 커녕 예선전도 통과하지 못한 내 인생 최악의 리그였다.

형편없는 성적을 들고 집에 돌아가는 마음이 편치 않았다. 최대한 천천히 현관 도어록 비밀번호를 누르는데 벌컥 문이 열리며 눈꼬리가 축 처진 엄마의 얼굴이 보였다.

"훈련도 맨날 빼먹고, 식단 관리도 엉망으로 하더니. 너 어쩌려고 그래? 이래서 중학교 축구팀 진학 콜 받을 수 있겠어?"

책망이 아닌 걱정이 잔뜩 묻은 목소리인데도 마음이 찔린 듯 아파왔다.

"나도 진짜 속상한데, 왜 엄마까지 그래? 아무 말도 하지 마, 스트레스 받으니까."

엄마의 입이 꾹 다물어졌다. 아무 말 없이 식탁을 사이에 두고 앉아있으니 내가 바랐던 건 엄마의 침묵이 아니라 진심 어린 위로와 조언이라는 생각이 들었다. 하지만 입이 고장 난 것처럼 엉뚱한 말이 나오고 말았다.

"스트레스 확 풀리게 매운 거 해줘. 매운 갈비찜에 떡볶이, 라면.

다 해 줘!"

식탁 가득 매운 냄새를 풍기는 빨간 음식들이 차려졌다. 기침이 날 만큼 매운 양념이 배어든 고기 한 점을 뜯고, 후루룩 면치기를 했다. 두 겹으로 불룩 접힌 뱃살을 내려다보며 입안에 떡볶이도 한가득 쑤셔 넣었다. 냄비 밑바닥에 챙챙 숟가락이 부딪히는 소리가 날 때까지 먹고 또 먹었다. 뱃속 가득 찬 음식이 목구멍을 밀어내는데, 눈물도 꾸역꾸역 밀려 나올 것 같았다.

밤새 화장실을 들락거리느라 잠을 제대로 못 잤더니 안 그래도 천근만근인 몸이 더 무거워졌다. 반성회가 있는 날이다. 리그가 끝나면 의례적으로 하는 반성회이지만 이번 반성회는 그 시기가 너무 빨리 찾아왔다. 정말로 반성할 것 투성이인 나 때문에 꼴랑 여덟 번의 경기로 리그가 종료된 탓이다. 아니지, 어쨌든 PC방도 같이 갔고 라면도 같이 먹었고 다들 내 전술에 따랐는데 이게 꼭 내 잘못이라고 할 수 있나?

축구부실에 들어가니 축 늘어진 팀원들이 보였다. 삐걱거리는 캐비닛, 색이 바랜 의자보다 더 생기 없는 모습이었다. 그 모습에 울컥 화가 치밀어 오르면서도, 미안한 마음이 들어 속이 잔뜩 불편해졌다. 사과와 위로를 전해야 한다는 걸 머리로는 아는데, 입에서는 엉뚱한 분노가 쏟아져 나왔다.

"6학년들 진학 시즌이라 중요한 거 알아 몰라? 연습을 덜하더라도 개인 기량은 똑바로 유지했어야지. 너희가 형편없이 구는 바람에 초반부터 흐름 막힌 거잖아. 내 말이 맞지? 맞다고 대답해!"

"네……."

"맞아요."

"맞아."

고개를 떨군 윤이가 내 말이 맞다고 수긍했다. 시계 때문일 것이다. 기분이 나아지기는커녕 덜컥 겁이 났다. 팀원들을 웃게 만들고 움직이게 만들던 조윤의 말처럼 내 말에도 무게가 있었으면 했다. 하지만 이제 알겠다. 말의 무게는 단순히 상대방을 굴복시키는 것으로 결정되지 않는다는 것. 진실한 의미가 담긴 말, 꼭 필요한 말, 행동이 따르는 말일 때 그 말에 무게가 실린다는 사실을 뒤늦게 깨달았다. 오롯이 나를 위한 말들이 시계 때문에 너무나 큰 힘을 얻어버렸다. 내 마음대로만 하면 모든 게 완벽하고 행복할 줄 알았는데.

이젠 브레이크 없는 차에서 내려야 할 때다. 시계는 내 속도 모르고 화려하게 반짝이고 있었다. 마음이 텅 비어 버린 것처럼 허무함이 들었지만 나는 시계줄 끝을 단단히 그러잡은 채 천천히 손목에서 빼냈다. 이제 난 원래의 이태웅, 뭐든 내 마음대로 하고 싶지만 아무런 힘도 없는, 아무도 따라주지 않는 평범한 초딩으로 돌아왔다.

"조윤, 잠깐 얘기 좀 할 수 있을까?"

"그래, 이태웅. 우리 할 얘기가 좀 있지?"

시계가 없으니 꼬박꼬박 주장님이라 부르던 호칭이 이태웅으로 돌아왔다. 기분이 나쁘기는커녕 안도감이 밀려왔다. 우리는 운동장으로 나가 선선한 바람이 살랑 불러오는 벤치에 나란히 앉았다.

"우리 팀 말이야. 지금 같은 상황이면 체육회장기 대회도 가망 없을 것 같고, 좋은 팀에서 진학콜도 못 받을 것 같아서. 나 중학교 가서도 꼭 축구하고 싶거든. 방법이 없을까?"

이제 자존심 따위는 문제가 아니다. 나는 애걸하듯 조윤을 바라보며 옆에 바짝 붙어 앉았다. 늘 생글대던 조윤은 전에 못 본 진지한 표정으로 생각에 잠긴 듯했다.

"축구가 팀 운동인 건 알고 있지?"

축구부 인생 5년차인데 축구가 팀 운동인 것도 모를까 봐? 황당한 조윤의 질문에 불쑥 화가 올라왔지만 꿀꺽 화를 삼켜내곤 간신히 "응." 하는 대답을 꺼내놨다.

"너 하나만 망가져도 팀 전체가 망가질 수 있어. 망가져도 함께 망가지는 게 팀이니까."

"알아! 나 때문에 이렇게 된 거 안다고. 그래서 방법을 알려달라는 건데 왜 잘난 척만 하는 거야?"

한계에 다다른 내 외침에 조윤이 씩 웃더니 답했다.

"대신 팀이니까 이겨내는 것도 함께야."

나는 윤이에게 손목을 붙들린 채 축구부실로 돌아왔다. 팀원들의 쏟아지는 눈총을 받으며 그 앞에 서니 입술이 덜덜 떨려 쉽게 말이 나오지 않았다. 짝짝 박수를 친 윤이가 첫마디를 거들었다.

"애들아, 주장이 꼭 하고 싶은 말이 있대. 우린 팀이잖아. 일단 들어보자."

나는 윤이와 벤치에서 나눈 대화를 떠올리며 있는 힘껏 용기를 끌어냈다.

"저…….내가 미안했어. 내 마음대로 훈련도 안 하고, 물론 너희도 좋아하는 것 같았지만."

마주 보고 선 윤이가 얼른 쉿 하는 모양새로 입술에 손가락을 가져다 댔다.

"어……. 어쨌든, 내 마음대로만 결정해서 미안해. 근데 나 축구 정말 좋아해. 그리고 잘 하고 싶어. 중학교 때도 좋은 팀에 들어가서 계속 축구하고 싶어. 그러려면 너희 도움이 필요해. 앞으로는 팀원들 의견도 잘 들을게. 그……. 원한다면 주장 자리도 내려놓을게."

사과의 말을 한마디 던지고 나니 도저히 나오지 않을 것 같던 말들이 술술 나왔다. 하지만 팀원들의 눈빛은 조금도 누그러지지 않았다. 역시 시계가 없으면 누구도 내 말을 들어주지 않는 걸까.

"솔직히 너 같으면 네 말을 믿겠냐? 그래도 뭐 미안하다니 믿어봐야지. 앞으로는 잘해라."

영우가 두 눈을 부릅뜨고는 손가락 두개로 자신의 눈과 내 눈 사이를 오가며 지켜보겠다는 제스처를 취했다. 당장 주장 자리를 내려놓으라고 윽박지를 줄 알았는데 의외의 반응에 찔끔 눈물이 날 것만 같았다.

똑똑, 코치실 문을 두드리자 낮게 가라앉은 대답 소리가 들려왔다. 시계의 힘만 믿고 연습 일정이며 전술을 엉망으로 만들어 버린 건 난데, 부모님들의 항의와 중학교 축구팀 진학 문제로 골머리를 썩는 건 코치님이었다.

“코치님, 그동안 죄송했습니다. 앞으로는 까불지 않고 코치님 말씀 잘 들을게요.”

“말을 잘 듣는 것보다 상대방을 존중하는 태도가 중요한 거야. 무슨 말인지 알지?”

생긋 웃으며 나를 끌어안은 코치님의 품은 정말로 따뜻하고 포근했다. 책임을 진다는 건 이렇듯 품이 큰 일이었다.

‘삐비빅 삐비빅, 삐비빅 삐비빅.’

“이태웅, 알람 소리가 이렇게 큰데 왜 못 일어나는 거야? 엉? 얼른 일어나.”

엄마의 호통 소리에 번쩍 눈이 뜨였다. 체육회장기 대회를 앞두고 코치님이 공지한 훈련 일정은 그야말로 지옥훈련이라 부를만한 것이었다. 떨어진 체력을 보강하고 팀원 간 합을 맞추려면 꼭 필요한 훈련이라나. 초등 리그를 말아먹은 나로서는 체육회장기 대회에서 어떤 기량을 선보이냐에 따라 중학교 축구 클럽의 수준이 결정될 것이니 지옥훈련이라도 달게 받아야 할 입장이었다.

“엄마, 너무 피곤한데 조금만 더 자면 안 될까?”

“안 돼! 당장 일어나. 얼른 일어나서 밥 먹어. 너 또 시리얼 먹으면 가만 안 둔다."

귀가 따가울 정도로 쏘아대는 엄마의 잔소리에도 슬몃 웃음이 났다. 내 마음대로 한 대가를 톡톡히 치르고 나니 오히려 마음대로 하지 못하는 지금이 한결 더 편하게 느껴진다. 새벽부터 한 상 가득 차려진 엄마표 집밥을 먹고 가벼운 발걸음으로 운동장에 들어섰다. 벌써 몸을 풀고 공을 차고 있는 조윤의 모습이 보였다. 저 무거운 걸 혼자 어찌 옮긴 건지 생수도 벤치 가득 준비되어 있었다.

"윤아, 너 광천초 있을 때 주장이었지? 뭐 비결 같은 거 있으면 알려줘. 어떻게 하면 애들이 주장을 잘 따르게 할 수 있는지 그런 비결 말이야."

"음……. 특별히 비결이랄 건 없고 훈련 전에 물 준비하기? 아님, 팀원들 고민 들어주기?"

"그게 무슨 비결이냐? 안 그래도 경기 망치면 주장이 대표로 혼나는데, 그런 뒤치다꺼리까지 하는 건 나만 희생하는 거잖아. 그럴 거면 주장 안 하고 말지."

"희생이 아니라 헌신. 우리 엄마가 말해줬는데 어쩔 수 없는 희생이 아니라, 내가 스스로 선택한 헌신이라고 생각하면 마음이 자유로워질 거라고 했어."

만화 속 주인공처럼 멋진 말을 던진 윤이가 그린 듯한 포즈로 공을 뻥 찼다. 내가 좋아하는 축구에 헌신하는 마음, 나에게 기회를 준 팀원들에게 헌신하는 마음. 정말 그 마음이 날 자유롭게 만들어 줄

지는 모르겠지만, 왠지 윤이의 말을 믿고 싶어진다.

〈에필로그〉

지옥훈련으로 후들거리는 다리를 간신히 끌고 집에 가는데, 놀이터 그네에 낯익은 뒷모습 하나가 보였다. 멀리서 보아도 양복의 칼주름이 보일 만큼 잘 갖춰 입은 차림새였다. 저런 차림으로 그네라니. 참 독특한 사람이네 생각하며 지나가려는데, 챙이 넓은 검은 중절모가 눈에 확 들어왔다.

"앗, 시계 아저씨!"

이 시간에 저런 차림으로 놀이터에 있을 사람은 시계 아저씨뿐이다. 내 손에 쥐도 새도 모르게 시계를 쥐여주고는 사라진 아저씨. 나는 아저씨가 사라질세라 얼마 남지 않은 힘을 쥐어짜 그네를 향해 달려갔다.

"아저씨, 저 기억하시죠?"

아저씨는 중절모를 살짝 들어 올리며 나에게 인사를 건넸다. 잠깐 보인 부드럽게 휘어진 눈매가 인자해 보였다. 나는 그간의 일을 어디서부터 어떻게 설명해야 할지 몰라 우물쭈물 망설였다. 아저씨는 내 모습을 보며 다 안다는 듯 말을 꺼냈다.

"다른 사람들이 네 말을 그대로 따라주니 어땠니? 생각했던 것만큼 행복했니?"

쉽게 대답할 수 없는 질문이었다. 별로였다고 말하기엔 팀원들을 마음대로 조종했던 시간이 꽤 즐거웠다. 그렇다고 행복했다 말하기엔 내 말대로 모두가 움직이는 상황이 브레이크 없는 차에 탄 듯 무서웠다. 입을 꾹 다물고 쭈뼛거리는 나를 아저씨는 그저 꼭 끌어안아 주었다. 얼떨결에 아저씨의 품에 안겨 있으니 바깥바람이 섞인 달콤한 냄새가 났다. 무언가 기억이 떠오를 듯 말 듯 한 향기였다. 아저씨의 품이 너무 따뜻하고 푸근해서 녹초가 된 몸에 힘이 차오르는 것 같은 느낌도 들었다. 한참 동안 나를 끌어안고 있던 아저씨는 시계를 되돌려주겠다는 내 말에 선물이라는 말을 남기고는 홀연히 사라지고 말았다. 그 이후 다시는 시계 아저씨를 만나지 못했고, 책상 서랍에 고이 보관했던 시계는 어느 날 감쪽같이 사라지고 말았다. 나는 종종 아저씨의 따뜻한 품이 생각났다.

시계 아저씨를 다시 만난 건 시간이 아주 많이 지나 내가 어른이 된 후였다. 묵은 짐을 정리하는 엄마 곁을 얼쩡거리다 먼지가 뽀얗게 내려앉은 액자 하나를 발견한 것이다. 중절모를 손에 든 인자한 인상의 남자, 그리고 남자의 다리 한쪽을 끌어안고 활짝 웃고 있는 어린 내 모습. 마음이 쿵 내려앉았다. 어디선가 가을바람이 섞인 달콤한 냄새가 풍겨오는 것 같았다. 내 손에서 액자를 빼어 간 엄마가 먼지를 쓱쓱 닦아내며 말했다.

"할아버지 기억나니? 네 첫 축구공도 할아버지가 사주신 거잖아.

오래 살아계셨으면 네가 축구 선수 된 모습 보고 참 좋아하셨을 텐데, 왜 그리 일찍 가셨는지."

깊숙이 묻혀있던 기억이 반짝 떠올랐다. 만날 때마다 너른 품으로 안아주던 할아버지, 부드럽게 휘어지는 눈매로 나를 따뜻하게 바라봐 주던 할아버지. 오래 잊고 있었던 할아버지 얼굴이 시계 아저씨의 얼굴과 겹쳐졌다. 누구냐고 묻는 내 질문에 시계 아저씨는 언젠가 알게 될 거라는 답을 했었지. 그때 알아봤더라면 나도 꼭 마주 안아드렸을 텐데. 나는 트로피가 가득한 진열장 한가운데에 할아버지의 액자를 조심스럽게 내려놓았다. 아마도 할아버지가 선물하고 싶었던 건 시계가 아니라, 내 삶이 안전한 속도로 흘러갈 수 있게 도와주는 안전장치였을지도 모른다.

남친 만들기 프로젝트

◆

김지현

“이건, 마법사 카드야. 숫자 1, 그리고 시작을 의미하지. 그러니까…….”

고요하다. 아니, 싸늘한 건가. 째깍, 째깍. 시계 초침 소리, 젖은 솜처럼 무거운 공기. 흐르는 것은 피 대신 한 줄기 땀. 나를 바라보는 친구들의 눈빛이 부담스럽다. 하지만 나는 알고 있다. 숨 막힐 듯한 분위기에서 절대 잃지 말아야 하는 것은 바로 침착함. 그리고 여유다. 그래야 타로의 꽃, 신비로운 분위기가 만들어지니까!

“온 우주가 루리, 네 사랑을 응원하고 있어. 이건 틀림없이 핑크빛 기류를 알리는 마법의 신호탄이야! 오늘이 가기 전에 고백해야 해.”

“꺄, 어떡해! 지효야 고마워.”

우리 반은 요즘 타로가 인기다. 담임선생님은 초등학교 5학년에게 어울리지 않는 이상한 미신 같다고 금지령을 내리셨지만 그래도 인기가 식을 줄 몰랐다. 왜냐하면 내 타로 상담으로 벌써 커플이 두 쌍이나 탄생했기 때문이다. 아니지, 오늘부로 커플 확정인 루리까지 더하면 이제 세 쌍이다.

사실 연애 적중률 100%를 기록하는 내 타로는 가짜다. 연애 박사인 내 눈에는 친구들의 행동 하나하나만 봐도 누가 누굴 좋아하는지 아주 잘 보인다. 거기에 신비로운 카드와 현란한 말솜씨로 친구들에게 용기를 불어넣어 주면 눈치 90퍼센트와 타로 10퍼센트. 도합 적중률 100퍼센트의 엉터리 상담이 완성되는 것이다. 이런 내가 모태 솔로라니. 친구들은 절대 모를 것이다.

"야, 종 쳤는데 뭐 하냐?"

남이사. 도건우는 사사건건 시비다. 내가 평생 모태 솔로가 될 운명이라고 해도 걘 절대 안 만날 거다. 그 때, 복도를 힐끗 보던 건우가 갑자기 내 카드를 뺏었다. 저 자식이! 야, 내놔!

내가 소리 지르면서 일어나자마자 담임선생님이 드르륵 문을 여셨다. 이크, 또 뺏기겠다. 건우가 재빨리 타로 카드를 내 책상 서랍 속에 쏘옥 넣어주었다.

"자, 자리에 앉자. 우리 반에 전학생이 왔어요."

큰 키에, 하얀 피부. 부드러운 갈색 머리. 넓은 어깨에 딱 어울리는 포근한 니트까지! 거짓말 조금 보태서 아이돌 연습생이라고 해도 믿을 정도였다. 그래, 내 옆에는 도건우보다 저런 애가 어울린다. 저

정도는 되어야 연애 박사인 내 남친으로 쪽팔리지 않지.

"안녕, 내 이름은 남주인이야."

어쩜, 이름도 주인공 같고 멋있다. 모든 친구들이, 아니 특히 여자아이들의 눈빛이 빛나는 게 느껴졌다. 왠지 주인이가 더 잘 생기게 보이는 것 같았다. 머릿속에 삐뽀삐뽀 경보음이 울렸다. 뺏길 수 없지. 잰 내가 콕 찍었어. 그동안 남친 후보가 없어서 계획만 해왔던 '남친 만들기 프로젝트', 줄여서 '남.만.프!' 가동이다.

사랑의 법칙, 첫 번째. 자연스럽게 스킨십하라! 내가 여태 본 드라마나 소설은 다 그랬다. 여자 주인공이 넘어지면서 남자 주인공과 부딪히게 되고 거기서부터 인연은 시작되는 것이다. 나는 복도 모퉁이에 숨어 주인이가 올 때까지 숨죽여 기다렸다. 아플까 봐 겁도 났지만, 멋진 남친을 위해 이 정도는 참을 수 있다.

'오! 저기 온다. 여기까지 약 열 걸음. 하나, 둘, 셋! 으악!'

나는 주인이를 향해 눈을 꼭 감고 몸을 날렸다. 몸이 기우는 것도 잠시, 곧 너른 품에 푹 안겨졌다. 성공이다! 오, 비누 냄새 좋은데.

"야! 괜찮아?"

나름 다정한 듯한 목소리에 가슴은 콩닥콩닥 뛰었고 머릿속에는 종이 댕댕 치는 것 같았다. 책 내용이 진짜잖아? 나는 최대한 예뻐 보이는 표정을 지으며 눈을 떴다.

"뭐야, 도건우! 너 왜 여기 있어!"

"네가 부딪힌 거거든? 근데 안 다쳤냐?"

도건우다. 나를 받아준 건 주인이가 아니라 건우였다는 사실에, 온몸에 소름이 돋는 것 같았다. 닿은 부분을 탈탈 털며 일어나자 그제야 물에 홀딱 젖은 주인이가 눈에 들어왔다. 건우가 들고 오던 물병에 애먼 주인이가 맞은 것이다.

"헉, 주인아! 나 때문에 젖은 거지? 미안해."

"됐어, 괜찮아."

휙 지나가는 주인이는 조금 차가워 보였다. 하긴, 나 같아도 첫날부터 물 맞으면 화가 났을 것이다. 조금 더 생각해 보니 아무한테나 웃어주는 것보다 여자 친구한테만 웃어주는 얼음 왕자 쪽이 더 매력적인 것도 같았다. 재빨리 달려가서 휴지를 가지고 왔다.

사랑의 법칙, 두 번째. 여자 주인공의 웃는 얼굴에 남자 주인공은 반한다! 나는 눈을 반쯤 접고 뺨에 힘을 주고 없는 보조개를 억지로 만들며 웃었다.

"주인아, 이걸로 닦아. 나도 학기 초에 전학 왔어. 친하게 지내자."

옆에서 건우가 빤히 쳐다보는 것이 느껴졌다. 또 무슨 장난을 치려고? 어림도 없지. 철저히 무시하고 잘생긴 주인이만 바라보았다.

"그래, 고마워. 넌 이름이 뭐야?"

올 게 왔다. 나는 내 이름 김지호가 너무너무 싫다. 학기 초마다 "남자 이름인 줄 알았어." 따위의 말을 듣기 때문이다. 우리 부모님은 내 이름을 왜 이렇게 지으셨을까? 내 이름도 루리처럼 특이하거나 도건우처럼 흔하지 않은 성이었으면 좋았을 텐데. 나는 예쁜 구석 하나 없는 내 이름이 싫어서 이름을 바꾸어 달라고 부모님을 조르곤 했다. 언젠가는 꼭 인기 아이돌 그룹, 유진스 언니들과 이름이 비슷한 '김지효'로 꼭 바꾸고 말 거다! 이런 내 의지를 가득 담아 친구들에게도 늘 "나, 지효라고 불러 줘. 곧 이름 바꿀 거야."라고 부탁하고는 했다. 주인이한테도 상큼하게 "지효라고 불러줘!"라고 해야지.

"얘는 김지호야. 김지호 넌 말투가 평소답지 않게 왜 그래? 어디 아프냐?"

또 도건우다. 얜 왜 자꾸 알짱거리면서 방해하는 거야?

"풉, 남자 이름 같다."

주인이가 나의 아픈 부분을 건드렸다. 조금 속상하긴 하지만 뭐, 괜찮다. 중요한 건 주인이가 나를 보고 웃었다는 거다.

첫 주는 어떻게든 주인이와 친해지려고 곁을 맴돌았다. 주인이 자리는 나와 제일 먼 창가 자리였는데도 말이다. 어디 학원 다녀? 태권도 학원? 도건우랑 같은 학원이라고? 그럼 운동 좋아해? 게임은? 좋아하는 사람 있어? 나랑 진실 게임하자. 찰싹 붙어 졸졸 쫓아다니는 내 모습은 지구를 맴도는 달 같았을 거다. 학교에서 잘생긴 전학생이라고 소문난 주인이 곁에는 늘 친구들로 북적였고 쉬는 시간 10분 동안 주인이의 관심을 받기란 어렵기로 소문난 우리 반 수학 시험에서 100점 받는 것만큼 어려운 일이었다.

심지어는 내 비장의 무기, 타로 상담도 소용없었다. 다들 '타로 봐줄까?' 하면 눈을 빛냈는데, 주인이는 "별로. 관심 없어."하고 마는 것이다. 학교에서 마주하는 시간이 너무 짧아서 메신저를 하면 성의 없이 "응 ㅋㅋ"하고 답장 오기 일쑤였다. 억지로 대화를 이어 나가기도 여러 차례, 너무 들이대서 부담스러웠나 싶어 그다음 주는 관심 없는 척, 말을 걸지도 않았다. 그럼 한 번쯤은 나를 보겠지? 그랬더니 이번에는 하루 종일 말 한마디 못 해본 날도 있었다.

쉽게 곁을 주지 않는 것도 얼음 왕자의 매력이긴 하지만, 초조한 것은 사실이다. 어쩔 수 없다. 이제 한두 달 뒤면 곧 6학년이 되고, 내년에는 같은 반이 아닐 수도 있다고 생각하면 남은 시간이 얼마 되지 않았다. 이대로는 안 돼! 이젠 더 적극적으로 들이대야 할 때다.

"자, 마지막 1인 1역을 정하겠어요. 신데렐라 하고 싶은 사람?"

신데렐라는 우리 반의 먼지를 구석구석 닦는 1인 1역 이름이다. 이 추운 겨울에 걸레를 빨아야 한다니, 벌써부터 손이 시립다. 힘든 건 딱 질색이다. 아마 주인이도 마찬가지겠지, 가 아니라 주인이가 손을 들었네? 역시 주인이야 깨끗한 교실을 위해 배려하는 마음씨까지 갖췄다니!

"저요! 선생님"

"어, 저도요!"

주인이를 보고 재빨리 손을 들자, 나를 흘끗 본 건우도 손을 들었다. 도건우만 엮이면 되는 일이 없는데, 불길하다.

"니들이 웬일이냐. 간만에 사이 좋은 모습이 보기 좋다. 그래, 둘이 해!"

"네?!"

안돼! 주인이와 가까워질 수 있는 기회였는데. 또 도건우다. 이 정도면 또건우, 아니 똥건우라고 이름을 바꾸라지.

"아이씨, 선생님, 저도 손 들었는데요."

주인이가 나랑 건우를 보는 눈빛이 차갑다.

주인이와 단둘이 붙어 있으려는 계획은 실패다. 진짜 진짜 망했다. 나랑 도건우 때문에 주인이는 결국 가장 힘든 분리수거를 맡게 되었다. 심지어 우리 반에서 제일 인기가 많은 미나랑 분리수거를 같이 가다니! 가는 길에 둘이 꽁냥대면 어쩌지, 이게 다 똥건우 때문이야. 툴툴거리면서 창틀을 닦는데, 도건우가 뭐가 좋은지 옆에서 히죽댄다. 얄미운 자식.

"야, 김지호."

"김지호 아니고 김지효."

"왜 자꾸 엉뚱한 이름으로 불러달래? 김지호가 씩씩하고 튼튼한 너한테 더 잘 어울리거든?"

지금 누구 놀리나? 도건우가 쫑알대는 말에 내 눈이 점점 두 시와 열 시를 가리키게 된다.

"근데 너 손이 빨개. 홍당무 같다. 여자 화장실에 뜨거운 물 안 나오냐?"

"나오든 말든."

"왜 그래, 화났어?"

"……."

"와, 김지호 화난 표정 우리 사범님보다 더 무서워. 누가 화나게 했는데?"

너다 너! 남의 속도 모르고 진짜. 잠깐, 맞다. 도건우랑 주인이 같은 태권도 학원이라 친해졌다고 했었지? 이젠 진짜 남.만.프를 빨리 성공시켜야 한다. 나는 얼른 도끼눈을 풀고 최대한 다정하게 건우를 바라봤다.

"흠흠, 건우야. 잠깐, 진지하게 할 얘기가 있어."

"어어? 나한테? 진지하게?"

"응, 귀 대봐. 다른 애들이 들으면 안 돼서."

창문 사이로 찬 바람을 맞아서 그런가, 도건우 얼굴이 새빨개졌다. 홍당무는 내가 아니라 너다. 도건우를 위해 창문을 닫아줬다. 하여튼 도건우가 장난꾸러기라 나를 놀리기는 하겠지만, 또 착할 때도 가끔 있으니까. 내 부탁도 들어줄 거다.

사랑의 법칙, 세 번째. 이름하여 지피지기면 백전백승 작전!

"주인이한테 좋아하는 여자 스타일 좀 물어봐 줄래?"

"…뭐? 왜? 너 걔 좋아해? 왜? 언제부터?"

얄미운 표정으로 비웃거나 애들한테 소문낸다고 놀릴 것 같았는데, 예상외의 반응이었다. 잠깐 표정이 굳었던 건우는 갑자기 정신 차린 사람처럼 질문을 쏟아냈다.

"왜긴 왜야. 잘생겼잖아. 나 밀어주라. 너 주인이랑 친하잖아."

"뭐, 밀어달라고? 너를?"

"어, 나 커플 될 수 있게 밀어 달라구. 주인이가 뭘 좋아하는지 알려 주고 그런 거!"

이젠 아예 표정이 찡그리다 못해 일그러졌다. 꿈틀대는 눈썹, 굳게 다문 턱까지. 늘 히죽 웃는 건우였지만 이런 표정은 처음이었다.

"싫어. 그딴 건 네가 알아서 해. 그거나 이리 내."

하고 걸레를 획 채갔다. 뭐야, 방금 그거, 화낸 거야? 싫으면 싫다 하면 되지, 저렇게까지 할 건 뭐람. 아니, 남이 커플 되는 게 저렇게 화가 날 일인가? 역시 도건우는 도건우다. 잠깐이라도 칭찬한 내가 바보지!

그 말을 하고 사라진 도건우는 잠시 후 너덜너덜해진 걸레를 들고 와 나에게 던져주고 갔다. 원래 저렇게 헐어있었나? 아무래도 친구를 뺏기기 싫은 도건우가 내 걸레에다가 화풀이한 것 같았다. 그 후로 며칠은 도건우랑 눈도 안 마주쳤다. 그래도 가끔 같이 장난칠 때는 재밌긴 했는데, 이런 어색한 분위기가 참 불편하다. 며칠을 고민하다가 나는 건우한테 사과하기로 했다. 도건우의 마음은 잘 이해가 안 가지만, 어쨌든 화가 많이 난 것 같으니까. 학교가 끝나고 책가방을 챙기는 건우를 붙잡았다.

"도건우. 미안해. 나도 너처럼 주인이랑 친해지고 싶어서 너한테 그런 부탁을……."

"아니야, 내가 미안."

어어, 도건우 어디가? 아직 내 얘기 다 안 끝났는데, 건우는 주머니에서 꼬깃꼬깃한 쪽지를 꺼내더니 내 책상 위에 휙 던지고 나를 지나쳐서 가버렸다.

'연예인 중에는 유진스 좋아한대. 음식은 매운 거. 네시 반쯤 태권도 학원 끝나고 105동 놀이터에서 자주 놀아.'

'뭐야, 싫다더니. 내 부탁 들어줬네.'

도건우가 조금 웃겼다.

어느새, 날씨가 많이 추워졌다. 이제 편의점에서 호빵도 사 먹을 수 있었다. 추위에 약한 내가 제일 싫어하는 겨울이지만, 올겨울은 느낌이 좋다. 남.만.프도 순조롭게 진행되고 있기 때문이다. 주인이와 하도 붙어 다닌 덕분에 나랑 주인이가 사귄다는 거짓 소문도 돌았다. 잘생긴 주인이가 내 남자친구라고 생각하니 어깨가 으쓱 올라갔다.

다 도건우의 쪽지 덕분이었다. 물론 여기에는 내 피나는 노력도 있다. 주인이가 학원 마치는 시간에 맞춰서 태권도 학원 근처를 서성인다거나 105동 놀이터에서 안 올지도 모르는 주인이를 기다리는 일이라든가.

참, 그 후로 건우와는 냉전 상태이다. 사과도 했는데 뭐가 문제인지 모르겠다. 우리가 자주 티격태격하긴 하지만 그래도 도건우가 엉뚱해서 재밌기는 한데.

이럴 때가 아니다. 빨리 나갈 준비를 해야지. 청순한 유진스 언니들처럼 난생처음 내 손으로 치마도 샀다. 내 생에 이런 걸 입을 날이 오다니. 조금 오글거리지만, 남주인을 내 남자친구로 만들기 위해서라면 이 정도는 참을 수 있었다. 게다가 스타일을 바꾼 후에 주인이도 나한테 관심을 보이는 것 같다. 전과 달리 답장이 길어졌기 때문이다. 역시 난 연애 박사가 틀림없어. 곧 다가올 크리스마스의 멋진 분위기에서 고백하면 나를 받아줄 것 같았다. 어디 한 번 데이트 신청을 해볼까? 잔뜩 부푼 마음으로 주인이에게 메시지를 보냈다.

'주말인데 뭐 해?'

'그냥 있어.'

조금 길어지긴 했지만, 여전히 할 말 없게 하는 답장에 기운이 빠졌다. 그래도 잘생겼으니까!

'다음 주에 크리스마스인데 그날 뭐 해?'

'글쎄.'

또 짧다. 그래도 잘생겼잖아! 에라 모르겠다. 질러보자!

'다음 주 크리스마스에 놀래?'

주인이의 답장을 기다리는 동안 화면에서 눈을 뗄 수가 없었다.

'그래, 좋아.'

"아싸!"

좋다고 했다. 이건 핑크빛 신호탄이다! 드디어 둘만 만날 수 있는 기회였다. 이날 데이트를 꼭 성공해야지.

시간은 빠르게 흘러 크리스마스의 아침이 밝았다. 알람도 없이 일어나 창밖을 보았는데, 온통 하얗다. 화이트 크리스마스! 이렇게 낭만적인 날씨라니, 하늘이 돕는다. 오늘은 중요한 날이니까 스스로 운을 점쳐봐야 한다. 타로 카드를 뽑으며 간절히 빌었다. 제발, 좋은 카드 나오게 해 주세요.

"바보 카드?"

음, 좋게 생각하자! 주인이가 사랑에 빠진 바보가 된다는 뜻임이 분명하다. 서둘러 준비를 마치고 일찍 밖으로 나왔다. 지각은 여자 친구로서 마이너스 포인트니까. 치마를 입은 내 모습이 너무 어색했다. 밖은 생각보다 더 추웠다. 치마와 코트 말고 패딩을 걸칠 걸 그랬나. 다시 집에 가서 목도리나 장갑이라도 챙겨올까 하다가 오늘 옷에 어울리지 않아서 그만두었다. 그래도 뜨끈뜨끈한 핫팩을 양손에 하나씩 꼭 쥐고 걸으니까 나름 버틸만했다.

멀리서 패딩점퍼에 장갑까지 껴입은 주인이가 보였다. 역시 주인이도 나처럼 데이트가 기대되어서 일찍 나왔나 보다.

"주인아, 안녕! 많이 춥지?"

"으, 춥네. 괜히 나왔나 봐."

나는 오늘을 엄청 기다렸는데, 주인이는 그렇지 않은 것 같아서 조금 속상했다. 아니다. 주인이도 나처럼 추위를 많이 타서 그럴 것이다.

"뭐야. 김지효. 너만 핫팩 쓰냐? 나도 줘."

"으응, 안 그래도 네 것도 챙겼어."

이런 걸 살인 추위라고 하는구나. 너무 추워서 몸이 덜덜 떨렸다. 그래도 주인이한테는 둘 중에 더 따뜻한 핫팩을 건넸다.

"밤새 눈이 많이 왔나 봐, 너무 예쁘다! 그치?"

"응, 우리 눈싸움하자!"

솔직히 말하면 지금 너무 추워서 아무리 주인이라도 눈싸움은 하고 싶지 않았다. 귀가 시리다 못해 머리까지 아팠고 이제는 치마 밑으로 내 다리가 없어진 것 같은 느낌도 들었다. 요 앞 사거리 카페에서 따뜻한 코코아를 마시면서 몸을 녹이고 싶었다.

"주인아 조금 이따가 하자. 나 장갑도 없어서 손이 시려워."

"너 핫팩 있잖아, 그걸로 손 녹이면 되지. 자 시작한다!"

말이 끝나기가 무섭게 눈덩이가 날아왔다. 우리 학교 최고의 피구왕인 나지만 당황한 나머지 그대로 얼굴에 맞아버렸다. 아팠다.

"악! 남주인, 얼굴에 던지면 어떡해?"

"눈싸움하자고 했잖아. 네가 피했어야지!"

나는 네가 추울까 봐 핫팩도 줬는데. 나를 하나도 생각해주지 않고 눈을 동그랗게 뜨면서 도리어 화를 내는 주인이한테 너무 서운했다. 그때 길 건너에서 얼굴만 아는 옆 반 아이들이 보였다. 우리를 보면서 수군대는 것 같았다. 분명 주인이 얘기일 거다. 잘 나가는 주인이 옆에 내가 있으니 나도 순정만화 여자 주인공처럼 보일 것 같았다. 서운함은 어느새 사라지고 어깨가 저절로 솟았다. 그래, 이 정도쯤이야.

"그나저나 왜 이렇게 안 오는 거야?"

뭐가 안 온다는 거지? 내리다 만 눈을 기다리나? 어, 저 파란 목도리!

"도건우? 너 왜 여기 있어?"

"김지호? 너 왜 여기 있어?"

우리는 멀뚱히 서서 서로를 쳐다보았다. 이게 무슨 상황인 거지. 우리 둘이 보는 게 아니었나? 건우 뒤로 다른 친구들이 더 있었다. 핑크 빛 커플 데이트를 상상했는데 여러 명이 모여서 떠들썩하게 웃는 소리에 오히려 마음 한구석이 텅 비어버린 것 같았다.

"아, 내가 얘기 안했었나? 다 같이 노는 게 좋잖아. 우리 반 애들 더 불렀지."

보아하니 건우도 나를 만날 줄은 몰랐던 것 같다. 하긴 저번 일로 조금 어색해졌으니 미리 알았다면 오늘 안 나왔겠지. 지금도 도건우는 나를 힐끔힐끔 보면서 안절부절못하고 더 이상 말을 걸지는 않는다.

"얘들아, 너무 춥다. 빨리 어디 들어가자."

건우도 추위를 많이 타나 보다. 털모자를 쓰고 목도리까지 둘렀지만 과하게 덜덜 떨며 춥다고 하는 걸 보니, 나보다 더 심한 것 같다. 얘가 뭐 이렇게 허약하담. 나도 춥긴 하지만 그래도 건우가 아주 조금 걱정되어서 하나 남은 핫팩을 건넸다.

"추우면 이거 써. 핫팩."

"아니, 괜찮아졌어. 갑자기 덥네. 목도리도 그냥 너 써."

역시 내가 주는 건 안 받는 걸 보니 아직 건우가 나한테 화가 난 게 틀림없다. 이 날씨에 갑자기 덥다는 게 말이 되나? 참 특이한 친구다. 그래도 목도리는 포근하고 좋은 냄새도 났다. 갑자기 심장이 쿵쿵쿵쿵 뛰었다. 이런, 너무 추워서 그런가 보다. 이제는 머리부터 발끝까지 온몸이 냉동실 속 꽁꽁 언 고등어가 된 것 같았다. 엄마 아빠 말 들을걸. 아까부터 자꾸 심술이 나고 짜증이 난다. 자꾸만 올라가는 치마도 불편하다. 아니야, 이런 건 나답지 않아. 긍정적으로 생각하자.

"춥고 배고프다. 따뜻한 거 먹자."

"그래, 우리. 뭐 먹을까?"

"야, 당연히 마라탕이지! 건우 너도 매운 거 좋아하잖아."

역시 매운 걸 좋아하는 주인이답다. 그치만 나는 매운 건 잘 못 먹어서 마라탕은 시도도 못 해봤다. 떡볶이는 그래도 쓰읍 후하 하는 호흡법으로 먹을 수 있는데.

"마라탕? 못 먹는 애들도 있을걸. 다른 거 먹자. 김지호, 넌 어때?"

갑자기 모두가 나를 쳐다봤다. 주인이가 매운 걸 좋아하니까 매운 걸 먹으러 가야할 것 같았다. 그치만 매운 건 질색인데. 나 답지 않게 우물쭈물 대답이 느려졌다.

"어, 그게……. 매운 게 먹고 싶으면 떡볶이 어때? 나 마라탕을 안 먹어봐서……."

"야, 촌스럽게 무슨 떡볶이야? 마라탕 먹자. 너도 먹으면 반할걸? 그리고 안 매운 거로 시키면 되지. 얘들아 내 말 맞지?"

"그래 그럼, 그러자."

아까보다 커진 주인이 목소리에 얼떨결에 대답해 버렸다. 마라탕, 까짓것. 한 번 먹어보지 뭐. 유행이니까, 모두 먹으니까 나도 안 먹어볼 수 없지. 내 생각보다 맛있을 수도 있었다. 한 번 도전해보는 거야. 긍정의 힘!

어제의 긍정적인 다짐과는 달리 오늘은 울적한 하루다. 마라탕은 맵고, 쓰고, 짜다. 친구들은 너무 맛있다며 땀이 흘러도 모를 정도로 맛있게 먹었지만 나한테는 너무 맵고, 쓰고, 짠맛이었다. 혀가 따갑고 이상한 향도 났는데, 나는 그게 너무 싫었다. 그래도 유행에 뒤처진 사람이 되기 싫어서 꾹 참고 억지로 다 먹었다. 그게 화근이었나 보다. 어젯밤부터 속이 쓰리더니 이제는 배도 살살 아프다.

"김지호, 괜찮아?"

"어, 괜찮아. 건우야, 나 잠깐 엎드려 있을게."

건우한테 아픈 모습을 보이기 싫어서 자존심에 괜찮다고는 했지만 아무래도 마라탕이 매워서 배탈이 난 것 같다. 이제는 땀도 삐질삐질 났다. 화장실에 가야 하나? 아니야, 그건 미친 짓이다. 화장실에서 5분 이상 안 나오면 친구들한테 똥쟁이로 불릴 거야. 그렇게 생각하니 참을 만도 한 것 같았다.

사실 배가 아픈 것보다도 기분이 좋지 않았다. 마음이 자꾸만 울렁였다. 이게 말로만 듣던 사춘기인가? 아니야. 김지호. 솔직해지자. 남주인이 미웠다. 남주인은 나를 친구로만 생각한다. 내가 치마를 입건 말건 관심도 없고, 가끔은 생각한 그대로 말을 해서 친구들한테 상처를 준다. 내가 추운 건 신경 써주지도 않고, 자기가 하고 싶은 대로 하는 이기적인 아이다.

아니, 사실 진짜 이기적인 건 나였다. 지금도 주인이의 좋은 모습보다는 주인이가 잘못한 점만 꼬집고 남 탓이나 하고 있잖아? 나 진짜 비겁하다. 이건 나 혼자 멋대로 상상한 거다. 주인이의 여자 친구가 되어서 모두가 나를 부러워하는 상상. 내가 돋보이고 대단해지는 느낌. 친구들의 연애 타로를 봐주고 모두가 나를 좋아해 주었던 것처럼. 내가 지효가 되고 싶었던 것처럼. 이건 주인이를 이용한 거잖아. 나는 주인이의 겉모습만 보았고, 내 모습을 숨겼다. 그리고 진짜 마음을 나누는 친구가 되려고 하지 않았다. 주인이도 은연중에 느꼈을 거다. 내가 자신을 좋아하지 않는다는 걸.

이기적인 내가 너무 별로다. 남친 만들기 프로젝트는 이제 끝이다. 엉터리 타로 카드도 꽤 정확하잖아? 그건 분명 바보 같은 내 모습을 표현한 카드일 거야. 나는 나한테 너무 실망해서 눈물이 날 것도 같았다. 이런 걸로 울다니. 안될 일이지.

깜빡 잠이 들었나 보다. 어렴풋이 "선생님, 지호 아프대요.", "그래? 건우가 이번 시간 끝나고 보건실 데려다줘."하는 소리를 들은 것 같기도 하다. 사각사각 들려오는 연필 소리가 기분이 좋다. 친구들이 수학 익힘책을 풀고 있나 보다. 나른하다. 한숨 자고 나니, 아까보다 몸도 좋아진 것 같았다. 이 평화를 놓치기 싫었다. 그래서 다시 눈을 감고 단잠에 빠졌을 때쯤.

뿡!

허억! 엄청난 천둥소리에 눈이 번쩍 뜨였다. 내가 번개를 맞았나? 감전된 사람처럼 몸을 펄떡였던 것도 같다. 아, 이거 설마 아니지? 꿈일 거야. 꿈이어야만 해. 제발. 교실에 정적이 흘렀다. 교실에 아무도 없어라.

"푸하하!"

"방금 그거 방귀 맞지?"

"우웩, 냄새나!"

"누가 뀐 걸까?"

"재가 자다가 뀐 거 아냐?"

"지효가? 에이 설마."

온몸의 털이 쭈뼛 서고 발밑이 없는 놀이기구를 타는 느낌이다. 진짜, 바보 김지호. 모두가 있는 교실에서 방귀를 뀌다니. 건우가 들었을까? 아직 나한테 화나있는 것 같은데, 이제 건우는 나를 더 싫어하겠지? 내 별명은 이제 방귀쟁이가 될 거야. 전교에 소문이 나겠지. 오늘 처음 알았다. 설렐 때만 가슴이 두근거리는 게 아니라 너무 창피해도 심장이 쿵쾅쿵쾅 뛴다는 것을. 나는 너무 창피해서 죽고만 싶었다. 그때였다.

"얘들아, 미안. 내가 뀌었어. 하하."

건우의 목소리였다.

"아, 도건우! 어쩐지, 냄새가 지독하더라!"

"그깟 방귀, 좀 뀔 수도 있지. 안 그러냐?"

"도대체 뭘 먹은 거야?"

"똥 먹었다. 왜?"

"으악!"

건우의 뻔뻔한 반응에 친구들은 왁자지껄 웃어대고, 선생님이 들어오셔서 '누가 이렇게 시끄러워?'하고 불같이 화내시는 말은 아무래도 상관없었다. 그냥 지금 내 머릿속에는 물음표로 가득 차버렸다. 건우는 왜 그랬을까?

그날 하루, 내 모든 세포는 건우를 향했다. 다음 교시 쪽지 시험을

볼 때도, 피구를 할 때도, 내가 좋아하는 돈가스가 나온 점심시간에도. 그리고 집에 가는 지금 이 순간까지 말이다. 집으로 향하는 건우를 뒤에서 몰래 쫓아갔다. 건우한테 말을 걸어볼까, 말까. 무슨 말부터 하지?

"야, 김지호. 아까부터 왜 따라와? 너네 집은 길 건너잖아."

"어, 나 따라오는 거 어떻게 알았어?"

"그렇게 졸졸 따라오는데 모르는 게 이상하지."

"있잖아. 어, 그게……."

이상하게 건우의 눈을 쳐다볼 수가 없다. 심장은 아까보다 더 쾅쾅 뛰어서 귓가에 소리가 들리는 것도 같았다.

"평소의 너답지 않게 왜 그래? 아까 일 때문에 그래? 신경 쓰지마. 방귀 안 뀌면 그게 사람이겠냐? 외계인이지."

"고마워. 근데, 왜 그랬는지. 어, 물어봐도 돼?"

건우는 눈을 도로록 굴리더니 곧이어 새빨갛게 물들어가는 코를 파란 목도리에 푹 묻었다.

"그냥, 그러고 싶었어."

이제 건우는 귀까지 빨갛다. 그래도 놀리고 싶은 마음은 들지 않는다. 아마 나도 똑같을 테니까. 장난꾸러기 건우. 타로 카드를 뺏기지 않게 숨겨주는 건우. 곤란한 부탁을 해도 결국 들어주는 건우. 추운 날에 목도리를 양보하고, 매운 걸 못 먹는 나를 알고 있는 건우. 씩씩한 내 모습 그대로를 좋아해 주는 건우.

"오늘은 치마 안 입었네?"

"응, 예쁘긴 한데, 좀 불편하더라. 이제 안 입으려고."

"이제야 피구왕 튼튼이 김지호답네. 솔직히 어울리진 않더라. 큭큭."

"너, 피구왕 손맛 좀 볼래?"

"으악, 여기 사람 죽어요!"

나는 도건우와 티격태격하는 이 시간이 편하고 즐겁다. 그리고 이제 건우에게 듣는 내 이름 김지호가 좋다. 남친 만들기 프로젝트는 아무래도 좋다. 나는 그냥 인정하기로 했다. 김지호는 도건우를 좋아한다.

"건우야. 떡볶이, 먹으러 갈래?"

생일초대장

◆

지윤주

『생일 초대장!
이것은 생일 파티인가, 파자마 파티인가?
이제껏, 한 번도 경험해 보지 못한 생일 파티로
당신을 초대합니다!
장소: 미림 아파트 501동 1904호
일시: 2023년 5월 28일 금요일 저녁 6시
준비물: 없음. 파자마 제공!』

월요일 아침, 교실에 들어서니 내 자리에 연분홍색 편지 봉투가 놓여 있었다. 봉투 안에 들어있는 건 노란 체크 모양의 생일 초대장! 난생처음으로 받아 보는 생일 초대장에 펄 듯이 놀라 귓불까지 새빨개졌다. 그 순간, 유리가 내 손에서 생일 초대장을 뺏듯이 잡아챘다.

"아이고, 미안해서 어쩌나. 이건 김지민 씨께 아니랍니다. 설마 좋아서 얼굴 벌게진 건 아니지?"

내 얼굴을 빤히 쳐다보며 놀리듯 말한 유리가 깔깔 웃으며 승아에게 다가갔다.

"승아야, 지난주에 자리 바꾼 걸 깜빡했네. 이거 너한테 보내는 나의 생일 초대장이야. 엄마가 파자마 파티까지 해도 된다고 했으니까 밤새도록 놀자!"

생일 초대장을 받은 승아까지 나를 보며 키득거렸다. 나는 아무렇지 않은 척하고 싶었지만, 목 아래에서 울컥 뜨거운 것이 올라와 눈물이 터질 것만 같았다. 눈물을 꾹 참으며 가방에서 책을 꺼내는 척 몸을 숙였는데, 그만 주르륵 눈물이 흘러내리고 말았다. 한번 터지면 쉽게 그치지 않는 눈물이라, 누구에게 들킬세라 황급히 화장실로 달려갔다. 아까의 상황이 창피한 것도 있었지만, 생일 파티에 한 번도 가보지 못한 나로서는 그 초대장이 내 것이 아니라는 것에 더 슬펐다. 마치 마음속에 있던 속상함이 먼지처럼 가라앉아 있었는데, 작은 바람이 불어 흩날려지고 걷잡을 수 없이 퍼져나가는 것 같다. '내가 아빠랑만 살아서 애들이 나한테는 다가오지 않는 걸까? 엄마는 왜 나만 두고 간 걸까? 나는 왜 이런 집에서 태어난 걸까?' 이런 생각이 밀려오니 눈물이 멈추질 않는다.

그렇게 한참을 울고 났더니, 아주 조금은 시원해진 느낌이다.

막 일어나서 나가려는데, 웅성거리며 누군가가 화장실로 들어왔다. 지금 나가면 울어서 부은 눈과 빨갛게 상기된 얼굴을 들킬 것 같아 두 손으로 입을 막고 변기 위에 조심스럽게 앉았다.

"얘들아, 이번 달 독서 골든벨 문제 선생님이 왜 이렇게 어렵게 냈대?"

"그러게 말이야. 마지막 문제는 정말 대박! 전교에서 그 문제 맞힌 애 한 명밖에 없대. 아 맞다! 현경이가 맞혔지? 현경아. 너 진짜 어떻게 맞혔니? 이건 완전히 선생님이 킬러 문제로 낸 거 같은데, 네가 맞혀서 선생님도 엄청 당황하더라."

"아니야. 얘들아. 다른 책에서 냈으면 몰랐을 텐데, 다행히 내가 제일 열심히 읽었던 책에서 그 문제가 나와서, 완전 운이 좋았던 거지. 그리고 내가 이번 독서 골든벨 준비하면서 책을 읽다 보니 좀 요령이 생겼어. 그 방법 내가 가르쳐 줄게! 어떻게 보면 엄청 간단해. 다음번 독서 골든벨은 팀으로 한다니까 우리 같은 팀 하자. "

"와 진짜? 우린 너무 좋지! 그럼 다음번 독서 골든벨 도서 게시판에 선생님이 정해서 붙여놓았던데, 빨리 가서 보자."

학기 초에 새로 전학 온 현경이와 우리 반 여자아이들이다. 현경이는 전학 온 지 얼마 되지도 않았는데, 아이들한테 친절하게 말도 잘 걸고, 공부도 잘하고, 운동도 잘하는 거 같다.

나는 친구들은커녕 단짝 친구도 없고 생일 파티에 한 번도 못 가봤는데, 현경이는 분명 집도 부자고 엄마 아빠랑 다 같이 살고 있을 거 같다. 그래서 저렇게 적극적으로 아이들한테 다가갈 수도 있고, 현경이가 너무 부럽다.

현경이가 나간 후 나는 얼른 세면대에서 세수를 하고 복도를 천천히 걸었다. 한결 마음이 진정되는 것 같았다. 교실 앞 복도에서 흥분한 목소리의 유리가 친구들과 대화를 하고 있었다. 아이들의 대화 속에 현경이의 이름이 들렸다.

"뭐라고! 지훈이도 현경이래? 우리 반에 여자는 현경이밖에 없대? 왜 죄다 현경이만 좋아해? 현경이 걔 전학 오자마자 이 애, 저 애 친한척하면서 다니는 거 너무 꼴불견이지 않아? 전학 온 지 얼마나 됐다고! 좀 쭈구려있지! 남자 애들한테도 잘 보이려고 엄청 들이대는 거 같더라. 그러니까 지훈이도 거기에 홀딱 넘어간 거 아냐! "

복도 끝에서 하는 얘기가 다 들릴 정도로 큰 소리로 떠드는 걸 보니 꽤나 화가 난 모양이었다.

"유리야, 현경이 걔, 어제 독서 골든벨 1등 한 것도 현경이 다니는 독서 학원 선생님이 다 예상 문제 뽑아준 거 같아. 걔 SNS 보니까 매일 글 써서 올리는 고양이 그림 노트 있잖아. 거기에 과외 선생님이 짚어준 문제가 다 있대. 이번에 영재반 예상 문제도 거기에 다 있었을 거야 분명해!"

"진짜? 그럼 그 노트가 현경이한테는 제일 중요한 물건이겠네! 거기에 분명 구린 내용이 있을 거야. 현경이의 실체가 어떤 건지 아이들이 좀 알아야 하는데… "

"아, 맞다! 유리야, 저번에 네가 지훈이한테 차인 것도 현경이 때문인 게 분명해! 지훈이랑 같이 주말마다 영재반 수업하면서 엄청나게 들이댔겠지!"

"짜증 나! 현경이 여우 같은 게 정말! 그냥 둬선 안되겠어!"

그렇게, 잔뜩 화가 난 유리를 지나쳐 교실 문을 막 열려는데, 유리가 나를 불러 세웠다.

"야! 김지민! 이리 와 봐!"

"왜? 나 수학 숙제 다 못해서 빨리해야 돼."

"잠깐이면 되니까 얼른 와 봐!"

귀에 닿을 듯 가까워진 유리의 입에서 깜짝 놀랄만한 이야기가 흘러나왔다.

"지민이 너 내 생일 파티 오고 싶지? 아까 표정이 딱 그렇던데? 생각해 보니까 나도 마음이 좀 안 좋더라. 그래서 나도 너를 초대할까 싶어. 그런데, 네가 우리랑 친하지도 않은데, 생일 파티에 갑자기 오는 건 좀 그렇잖아? 네가 현경이 일기장인지 노트인지, 현경이가 매일 끼고 다니는 고양이 그림이 있는 노트가 있어. 그걸 살짝 가져다 줘. 훔치는 게 아니야. 잠깐만 읽어보고 다시 돌려주면 되니까. 간단하지? 그러면 너도 우리 편이 되는 거고 당연히 생일 파티에도 초대받는 거야. "

유리의 말을 듣는 순간 깜짝 놀라서, 터져 나오는 신음 소리를 손으로 틀어막았다. 그러면서도 유리의 생일파티에 꼭 초대받고 싶었다.

"지민아, 난 현경이가 너무 싫고 얄미워. 걔는 뭔가 잘난 척하는 것 같고, 남자애들한테만 꼬리치는 거 같아서 싫어. 걔 분명 뭔가 구린 구석이 있을 거야. 그걸 좀 알아야겠어."

"진짜 현경이가 이상한 애일까? 난 잘 모르겠는데."

"그렇다니까! 나만 그렇게 생각하는 게 아냐. 승아야! 너도 봤지?"

승아는 유리 말이 맞다며 고개를 위아래로 세차게 끄덕였다. 그래도 내가 의아스럽다는 표정을 짓자, 유리는 답답한지 가슴을 콩콩 두드리며 말했다.

"거봐. 승아도 그렇다잖아. 내 말이 진짜라니까! 어휴 답답해! 이렇게 애들이 현경이의 본모습을 모른다니까. 어쨌거나 너 내 생일파티에 오고 싶으면 내가 얘기한 거 꼭 하란 말이야."

그 말을 듣고 있던 승아가 비꼬는 듯한 말투로 받아쳤다.

"유리야! 쟤가 그럴 배짱이나 있겠어?"

"그래도 내 생일 파티에 오려면 그 정도는 보여줘야지! 안 그래? 지민아?"

생일 파티라는 단어에 홀린 나는 나도 모르게 고개를 끄덕였다. 유리의 제안을 받아들이기로 한 것이다.

다음 날, 나는 현경이의 주위를 맴돌았다.

"지민아, 뭐 나한테 할 말 있니?"

현경이가 상냥한 목소리로 물어봤다.

"어? 현경아, 아니 뭐 좀 생각하느라 서 있었어. 미안."

"미안하긴. 요즘 너랑 눈이 자주 마주쳐서, 먼저 말 걸어봤어."

'이렇게 상냥한 애인데, 진짜 남자애들한테 꼬리치고, 그럴까? 아니야. 유리가 없는 일을 그냥 만들어서 말하지는 않았겠지. 그나저나 현경이의 그 노트는 도대체 어디에 있을까?'

다음 날 아침, 학교에 가기 싫은 마음으로 이불 속에서 늦장을 부리다 겨우 마음을 잡고 집에서 나왔다. 등교 시간이 빠듯해 빠른 걸음으로 학교 정문을 통과했는데, 하필 자주 지각하는 유리와 그 무리들을 맞닥뜨리고 말았다.

"야 김지민, 도대체 언제까지 기다려야 하는 거야? 내 생일파티에 오고 싶지 않은가 봐? 내가 참을성이 별로 많은 편이 아니라서 말이야. 좀 빨리 갖다 줬으면 좋겠어."

유리의 말을 들으니, 마음이 더 조급해졌다. 현경이의 노트를 어떻게 가져와야 할지, 그러다가 들키면 우리 반 모두에게 크게 창피를 당할 텐데. 나는 불편한 마음으로 자리에 앉았다. 교과서를 꺼내려고 책상 서랍에 손을 넣었는데, 부스럭, 웬 봉지가 있었다. 봉지 안에는 크고 맛있어 보이는 쿠키 3개와 쪽지가 있었다.

「지민아, 나 현경이야. 요즘 기운이 없어 보여서 힘내라고! 어제 아빠랑 만든 쿠키를 보낸다. 이거 먹고 힘내!」

너무 놀랍고, 어리둥절하여 현경이 쪽을 보니 현경이가 눈을 찡끗하며 미소를 지었다.

'아, 도대체 김현경은 어떤 아이일까?'

점심시간, 아침에 스콘을 받은 이후 현경이 쪽으로는 고개 한 번 돌리지 못했다. 4교시까지 수업 시간이 어떻게 지나갔는지도 모르겠다. 괜히 유리의 제안을 받아들였나, 고개를 끄덕였던 사실만으로도 현경이한테 죄를 지은 기분이었다. 그깟 생일파티가 뭐라고, 이런 말도 안 되는 제안을 받아들인 걸까. 나는 마음이 너무 불편해졌다.

'하지만 유리의 말이 사실이라면?'

복잡한 마음에 점심도 먹는 둥 마는 둥 하고 아무도 없는 교실로 돌아왔다. 가만히 자리에 엎드려 머릿속 복잡한 생각을 정리해 보려는데, 옆 분단 앞쪽 현경이 책상 서랍에 노트가 한 권 보였다. 나는 떨리는 마음으로 교실과 복도 밖을 살펴보았다. 텅 빈 복도와 교실을 몇 번이나 확인한 후에야 나는 현경이 자리로 조심히 다가가 노트를 확인했다. 고양이 그림이 그려진 노트가 분명했다. 나는 재빠르게 노트를 갖고 자리에 앉아 덜덜 떨리는 손으로 노트를 가방에 집어넣었다. 정말 순식간에 일을 벌리고 말았다.

학교 수업이 끝나자마자 두근거리다 못해 쿵쾅거리는 마음으로 쫓기는 사람처럼 집으로 정신없이 달려갔다.

집에 도착하니 3시!

아빠가 퇴근해서 오려면 3시간 정도 남았다. 몹쓸 물건을 갖고 있는 것처럼 마음이 찜찜했다. 나는 조심스럽게 가방을 열었다. 가방에는 현경이의 노트와 현경이가 준 쿠키가 함께 담겨 있었다. ' 내가 대체 무슨 짓을 한 거지? 현경이 노트를 훔치다니.' 자책감과 후회가 한꺼번에 밀려와서 쓰러지듯 책상에 걸터 앉았다.

'어쩌자고 이런 일을 했지? 그렇게 한참을 멍하게 앉아 있다가 불현듯, 유리 말이 사실인지 확인해 보고 싶었다. 용기를 내 가방에서 현경이 노트를 꺼내 들춰보려 하는데, 죄책감 때문인지 나도 모르게 혼자 있는 방에서 주변을 두리번거렸다.

역시나 현경이의 일기장이었다. 일기장을 넘겨보니 전학 온 첫날부터 어제까지의 기록이 빼곡하게 담겨있었다.

『2023. 4. 6. 아빠랑 둘이 살게 되면서 벌써 전학만 3번째이다. 새로운 친구들을 어떻게 사귀어봐야 하나. 스트레스와 걱정이 동시에 든다. 그래도 이번이 마지막 전학이라고 미안해하는 아빠의 마음도 안 좋겠지.』

'어머, 현경이도 나처럼 아빠랑 둘이서만 사는구나.'

『2023. 4. 12. 분리수거로 1인 1역하는 지훈이가 힘들어하는 거 같다. 나는 집에서 분리수거 담당이라 하나도 어렵지 않다. 내일 지훈이를 좀 도와야겠다.』

'아, 영재반 때 현경이가 지훈이한테 들이댄 게 아니라, 지훈이 1인 1역을 도와줘서 지훈이가 현경이를 좋아하게 됐구나.'

『2023. 7. 8. 독서 골든벨 책 읽기 프로젝트. 개학하면 방학동안 10권의 필독 도서 안에서 독서 골든벨 행사를 한다. 10권 모두 재미있는 내용의 책이라 방학 동안 꼼꼼히 읽어서 독서 골든벨에서 꼭 우승하고 싶다.』

일기장에는 현경이가 방학동안 읽은 10권의 책에 대한 자세한 내용과 현경이가 스스로 뽑아본 예상 문제도 적혀있었다.

'이렇게 열심히 책을 읽고, 예상 문제까지 만들어 봤으니, 독서 골든벨에서 1등할 수밖에 없지.'

『2023. 8. 31. 우리반 김지민이 교실에서 울고 뛰쳐나가는 것 같았다. 무슨 슬픈 일이 있었길래 울었을까? 나도 전에 학교에서 엄마 아빠의 이혼 얘기를 듣고, 학교 화장실에서 혼자 울었었는데…, 그런데, 지민이가 그 이후 내 주변을 서성거리는 걸 보면 나한테 뭔가 말을 하고 싶어 하는 것 같다. 내일 아빠랑 쿠키 만들기로 한날이니까 조금 더 만들어서 지민이에게 선물해야지.』

이 부분을 읽는 순간 마음이 쿵 하고 내려앉았다. 현경이한테 너무 미안한 마음이 들어서다. 나를 걱정해 주는 아이인데, 내가 유리 말만 듣고 이렇게 나쁜 짓을 하다니. 나 자신이 너무나 부끄러웠다.

현경이는 책을 많이 읽어서인지, 하루하루의 일기가 한편의 완성된 글처럼 재밌고 감동적이었다. 그 바람에 나는 단숨에 현경이의 일기를 다 읽어버리고 말았다.

현경이의 일기를 다 읽고 나니 현경이라는 아이의 생각과 생활 태도, 마음가짐을 다 알게 되고, 나와 비슷한 상황에서도 매일 자기를 다독이며 적극적으로 생활하는 모습에 큰 감동을 받았다. 반대로 내 모습이 더욱 부끄럽게 느껴졌다.

그래서 유리한테 현경이 노트를 전해주지 않기로 마음먹었다. 그렇게 정하니 한결 마음이 편해졌고, 갑자기 배가 고팠다.

'아 맞다! 현경이가 만들어 준 쿠키.'

가방에서 현경이가 준 쿠키를 꺼내 한입 먹으니, 너무 맛있어서 한꺼번에 3개를 다 먹어버렸다. 쿠키 때문인지 배도 든든하게 부르고, 현경이라는 친구를 깊이 알게 된 것 같아 마음도 든든해졌다.

다음 날, 조금 일찍 교실에 도착해 일기장을 안 본 것처럼 몰래 현경이 책상 서랍에 넣어두었다.

그리고 복도에서 유리가 오기를 기다렸다.

"유리야, 난 그냥 너 생일파티 안 갈래. 그리고 내가 며칠 동안 현경이를 봤는데, 너희가 생각하는 것처럼 나쁘거나 이상한 아이가 아니야. 현경이는 보이는 것 그대로의 친구더라. 그러니까 너희도 괜한 오해 말고 그냥 있는 그대로 친구들을 보면 좋겠어."

그렇게 나는 어젯밤 여러 번 연습했던 말을 유리에게 전했다.

당황해서 아무 말도 못 하는 유리를 뒤로하고 교실로 들어와 어젯밤 늦게까지 만든 생일 초대장을 가방에서 꺼내 일기장을 꼭 끌어안고 있는 현경이에게 다가갔다.

막상 현경이 앞에 가니 너무 미안하고 두려운 마음에 차마 말을 걸 수 없었다.

그렇게 쭈뼛거리는 나를 보며 현경이가 먼저 말을 걸었다.

"지민아, 나한테 할 말 있는 거 맞지? 오늘은 꼭 듣고 싶은데?"

"아, 현경아, 이거 너에게 주려고."

나는 생일 초대장이라고 쓴 카드를 현경이에게 내밀었다.

"어? 생일 초대장이네? 우와, 나한테 주는 거야?"

"어. 다음 주 수요일이 내 생일인데, 너를 초대해서 재밌게 놀고 싶어."

"너무 고마워 지민아. 사실 나 생일 초대장 처음 받아봐."

"진짜? 너는 생일 초대 많이 받아 봤을 거 같은데?"

"아니야. 나는 전학을 여러 번 다녀서 친구들이랑 깊이 친해질 기회가 없었어. 너무 좋다. 나를 초대해 줘서 고마워 지민아. 혹시 받고 싶은 선물 있니? ”

“있어. 현경아, 그날 우리 집에 가서 저번에 니가 만들어준 쿠키 같이 만들래? 그렇게 맛있는 쿠키는 먹어본 적 이 없거든. 그게 내가 받고 싶은 선물이야.”

“어머 정말? 좋아! 그럼 너의 생일이니 특별히 내 특제 레시피를 너에게 전수해 줘야겠구나. 그럼 네가 나 의 첫 제자가 되는 거네? 앞으로 나를 선생님이라고 부르도록 하여라!”

“네! 알겠습니다. 현경 선생님!”

현경이에게 일기장을 가져가고 몰래 보았던 이야기는 용기가 안 나서 차마 하지 못했지만, 나도 어제부터 일기를 쓰기 시작했고, 다음번에 현경이와 교환 일기를 써보자고 제안해 봐야겠다. 다음 주에 있을 나의 생일파티 와 앞으로 현경이와 함께 할 시간이 너무 기대된다.

고양이 톡톡 캔디

♦

유소희

"지유 왔니?"

현관문을 여니 엄마 목소리가 들렸다. 와락 반가움이 들었다. 눈물이 핑 돌았다. 언니가 입원한 지 3일째인 오늘에서야 엄마는 집에 돌아왔다. 그동안 할머니랑 자면서 엄마가 얼마나 보고 싶었다고!

"엄마!"

엄마한테 안기고 싶어 신발을 후다닥 벗었다. 그런데 뭔가 허전했다. 항상 내가 오면 현관까지 달려와 몸을 잔뜩 구부리며 날 반겨주던 내 고양이 까미가 보이지 않았다.

"엄마, 까미는?"

엄마는 나를 돌아보지도 않고 냉장고를 닦고 있었다.

"아, 까미? 고모네 보냈어. 엄마가 말 안 했어?"

심장이 쿵 내려앉았다.

"이제 언니 곧 수술하잖아. 언니 돌보느라 정신없는데 신경 쓸 거 하나 더 있으면 엄마가 너무 골치 아파. 우리 착한 지유 이해하지?"

그제야 엄마가 날 돌아보았다.

"그랬구나. 잘했어."

엄마와 눈이 마주쳐 기분이 좋았다. 나는 방긋 웃었다. 언니가 많이 아프니까, 까미가 고모네 가는 건 어쩌면 당연한 일이었다. 내 방에 들어오자 내 침대에 누워 잠을 자던 까미 모습이 그려졌다. 벌써부터 까미가 보고 싶었다.

다음 날 아침, 눈을 뜨자 집안이 고요했다. 아침 7시마다 꾹꾹이로 나를 깨우며 밥 달라고 눈을 깜빡이던 까미가 없으니 마음이 텅 빈 느낌이었다. 이럴 줄 알았으면 까미한테 잠 깨우지 말라고 투정부리지 말걸, 사실은 매일 아침마다 나에게 와주는 까미가 너무 고마웠다. 내 팔에 얼굴을 비비고, 내 발을 밟고 다니던 까미의 온기가 따뜻했다. 엄마를 졸라 데려온 유기묘 까미. 어릴 때부터 입원이 잦았던 언니로 인해 나는 집에 혼자 있는 시간이 많았다. 그런 나와 함께해 준 까미가 나에겐 너무나 소중한 존재였다. 나는 엄마에게 까미를 다시 데려오고 싶다고 얘기하기로 다짐하며 거실로 나갔다.

"네. 그렇게 하시면 돼요. 형님. 까미라도 형님네 보내놓으니 좀 살겠어요. 시유 내일모레 수술하면 언제 퇴원할지도 모르는데, 또 애 아빠 출장 가서 지유까지 데리고 있어야 해요. 형님 기도해 주세요. 마음이 너무 힘드네요. 고마워요. 들어가세요."

거실에 나가보니 고모와 통화하는 엄마 목소리가 들렸다. 까미가 없어 살겠다는 엄마의 목소리에 내 다짐은 온데간데없이 사라졌다. 마음이 너무 힘든 엄마에게 나는 기쁨이 되어주고 싶었다. 까미는 고모네 잘 있겠지, 곧바로 체념하였다.

엄마와 나는 몇 가지 짐을 챙겨 언니가 입원해 있는 병원으로 향했다. 주말 내내 지루한 병실에 있을 생각에 좋아하는 아이템을 이것저것 챙겼다. 지난달 생일선물로 받은 연분홍색 맨투맨 티셔츠, 용돈을 열심히 모아 산 에어팟, 그리고 내가 좋아하는 컬러링 북과 미니 색연필까지 이 정도면 심심할 틈 없이 잘 보낼 수 있을 것 같았다. 하지만 병원에 도착하자마자 내 연분홍색 맨투맨 티셔츠는 언니 몸에, 내 에어팟은 언니 귀에, 내 미니 색연필은 언니 손에 꽂혀버렸다.

"언니가 환자복만 입고 있으니 이런 분홍색 옷 얼마나 입고 싶겠어. 지유야. 너는 학교 갈 때 입으면 되잖아."

엄마가 말했다. 엄마는 언제나 언니 편이었다. 나는 엄마의 말에 마지못해 고개를 끄덕였다. 언니가 많이 아프니까, 내가 양보하는 건 당연했다. 머리로는 이해가 되었지만, 마음속 한구석에 퍽퍽한 무언가가 뭉쳐지는 느낌이 들었다. 그때, 친척들이 병실로 들어왔다.

"시유야!"

언니의 이름을 부르며 들어오는 할머니, 삼촌과 숙모에게 고개 숙여 인사했다. 친척들은 언니 걱정이 많았다. 할머니는 병간호하는 엄마에게 고생한다는 인사와 나에게 언니 잘 돌봐주라는 말도 꼭 하였다.

"지유 얘 요즘에도 그렇게 설거지하니? 어릴 때 의자 끌어와서 설거지 돕겠다고 어찌나 착하던지."

나를 보면 꼭 이야기하는 우리 할머니 단골 멘트다.

"지금도 지 언니 얼마나 잘 도와준다고요. 지유 꿈이 간호사잖아요. 나중에 커서 언니 주사 직접 놔주겠대요."

엄마가 내 머리를 쓰다듬으며 할머니에게 말하였다.

"그래. 지유 참 착하네, 네가 얼른 커서 언니 주사 안 아프게 놔줘라."

할머니와 엄마가 나누는 대화에 괜스레 기분이 좋았다. 삼촌과 숙모도 흐뭇하게 나를 바라보는 것 같았다. 칭찬받는 것 같아 기뻤다.

"지유야. 이것 좀 씻어 올래? 할머니랑 삼촌 숙모 좀 드리자."

"네!"

엄마가 건넨 포도 두 송이를 접시에 담아 들고 화장실로 향했다. 포도를 씻는 동안 어른들의 대화가 이어졌다. 엄마는 어릴 때부터 내가 간호사가 되길 바랐다. 내가 진짜 간호사가 되면 엄마가 얼마나 기뻐할까 상상하니 어느새 내 꿈은 간호사가 되어 버렸다. 나는 깨끗이 씻은 포도를 들고 다시 병실로 향했다. 의자에 내려놓는 순간, 급하게 포도를 떼어가 먹던 언니가 내 연분홍색 맨투맨 티셔츠에 포도 물을 잔뜩 묻혀 버렸다.

"어머! 시유야. 너 지유 옷 빌려 입어놓고는, 옷에 포도 물 다 들었네."

내 티셔츠에 묻은 포도 물을 벅벅 닦으며 엄마가 말했다. 굳이 병원복을 벗어던지고 내가 아끼는 옷을 뺏어 입은 언니는 내 옷에 포도 물까지 들여버렸다. 나는 기분이 좋지 않았다. 그때 숙모가 나서서 언니를 다독이며 말했다.

"괜찮아. 빨면 잘 지워져. 시유 엄마."

나는 괜찮지 않았다. 언니에겐 화도 나고, 숙모에겐 섭섭한 마음에 눈물이 살짝 차올랐다. 하지만 그런 내 마음을 알아주는 사람은 어디에도 없었다. 그래도 나는 언니를 돌봐주는 착한 동생이니까 이런 일로 눈물을 보일 수는 없었다. 그건 엄마를 더 속상하게 하는 일이었다. 나는 내 마음을 마음속 깊숙이 꾹꾹 눌러 담았다.

"이지유! 너 집에 갈 때 에어팟 좀 두고 가라."

언니는 자기편이 많다는 사실을 직감하였는지 이때다 싶어 한술 더 떴다. 내가 에어팟을 얼마나 애지중지하는지 누구보다 잘 알면서, 그런 언니가 나에게 에어팟을 빌려달라고 하다니…….

"그래. 지유야. 언니 핸드폰으로 EBS 강의 들어야 되니까 이것 좀 두고 가."

엄마도 함께했다.

"어머나. 시유는 아픈데 공부도 다 챙겨 하고, 대견하다! 지유가 언니 공부하는데 좀 빌려줘."

삼촌도 한마음이었다. 모두가 다 언니를 보고 있었다. 나는 할 말이 떠오르지 않았다. 내가 챙겨온 내 아이템은 온데간데없이 사라졌다. 그 대신 착하다는 칭찬만 한 보따리 남았다. 착한 동생이란 이야기가 예전만큼 기쁘지는 않았다. 그렇게 병실에서 심심한 주말을 보냈다. 일요일 늦은 밤, 나를 데리러 온 아빠와 집으로 돌아갔다. 내 손에 들린 가방이 가벼웠다. 내가 좋아하는 옷도, 에어팟도, 컬러링북과 미니 색연필도 모두 다 병실에 놔둔 채 빈털터리가 되어 도착한 집에는 까미도 없었다. 텅 빈 가방과 집처럼 내 마음도 텅텅 비었다.

"자, 이번엔 지유가 한 번 읽어볼까?"

월요일 3교시 사회 시간. 뽑기 통에서 내 이름을 뽑은 선생님이 내 차례라고 알려주었다. 하루 종일 멍하게 있다 처음으로 내 이름이 불리는 바람에 조금 놀랐다. 어딘지 몰라 머뭇거리며 일어서긴 했지만, 짝이 펴 놓은 교과서를 보고 바로 알아차릴 수 있었다.

'정의란'

첫 단어가 눈에 들어와 입술을 벌려 책을 읽으려는 순간, 목소리가 나오지 않았다.

"지유야?"

선생님이 다시 한번 내 이름을 불렀다. 나는 선생님을 쳐다보았다. 당황스러웠다. 속으로 큼큼 목을 가다듬자 귓속에 작은 울림이 느껴졌다. 그러나 다시 시도해 봐도 여전히 목소리는 내 입 안에서만 맴돌 뿐이었다.

“그럼 지유 대신 승호가 읽어볼까?”

나는 자리에 앉았다. 갑자기 왜 말이 나오지 않았는지 알 수 없었다. 조금 걱정이 되었지만 승호의 읽기가 끝나자 곧바로 종이 쳐 그렇게 사회 시간을 무사히 넘길 수 있었다. 그러나 4교시 ‘나의 꿈 말하기’ 수행평가 시간에 말을 한마디도 하지 못하는 일이 벌어지고 말았다. 어젯밤 열심히 적어 놓은 종이를 보고 읽기만 하면 되는데 말이다. 나도, 선생님도, 반 아이들도 모두가 당황하였다. 선생님은 점심시간에 나를 따로 불러 무슨 일이 있는지 묻고 어르고 달랬다. 하지만 나조차도 왜 갑자기 말이 나오지 않는지 알 수가 없어 고개를 푹 숙이는 것으로 대답을 대신하였다.

“그만 교실로 가 봐.”

나는 교무실에서 나와 터벅터벅 걸었다. 속상한 마음에 눈물이 비집고 나오려던 그때, 교실로 돌아오는 복도 끝에서 이상한 소리가 들리기 시작했다.

“켁켁 어, 어이 거기 초딩 켁켁…….”

“나 좀 살려줘. 켁켁.”

순간 노란색 털이 북실한 고양이가 눈에 스쳤다. 분명 고양이가 맞았다. 나는 까미 생각에 심장이 쿵 하고 내려앉았다.

"모, 목에 켁켁."

인절미를 닮은 노란 고양이가 목에 무언가 걸린 것처럼 굉장히 불편해 보였다. 나는 까미가 큰 사과 한 쪽을 몰래 가져가 그냥 삼키려고 했을 때가 생각났다. 인절미 고양이 등을 재빠르게 내리치며 목에 걸린 무언가가 나올 수 있도록 하였다.

"켁켁 켁켁 푸후 콜록콜록."

"아놔. 죽다 살았네. 어떤 녀석이 이딴 걸 여기에 놓은 거야!!"

건달처럼 거칠게 말하는 고양이 입에서 향긋한 말랑이가 미끄러지듯 쏟아졌다. 설마, 이거 먹는 건 줄 알고 먹었으려나, 나도 모르게 입가가 살짝 실룩거렸다.

"야! 너 초딩. 너 왜 웃어. 설마 내가 이거 배고파서 먹은 건 줄 아냐?"

켁켁 거리는 고양이를 도와주느라 정신이 없었는데, 정신을 차려보니 고양이가 말을 하고 있었다. 나는 내 두 눈과 귀를 의심했다. 고양이가 말을 하다니 믿을 수가 없었다.

"아, 진짜 울렁거려 죽겠네. 저기 길 건너편에 전문의 있는 동물병원으로 나 좀 데려가라."

나는 놀란 마음에 고양이를 멀뚱멀뚱 쳐다보았다.

"아, 거참 답답하네. 뭐라고 말 좀 해봐. 놀라서 멍청해진 거야? 말을 못 하는 거야?"

인절미 고양이는 고개를 갸웃거리며 물었다. 말이 나오지 않던 나는 몸만 바르르 떨며 고양이를 쳐다보았다.

“많이 놀라긴 했겠지만, 또 뭐 그렇게까지 나를 이상하게 쳐다볼 건 없어. 병원은 그냥 내가 찾아가야겠구먼. 아무튼 내 생명의 은인이기도 하니 옜다 받아라.”

수다스러운 고양이가 건넨 것은 반짝이는 샛노란 포장지에 싸여 있는 있는 작은 캔디였다.

“네가 하도 답답하게 생겨서 주는 거야. 하고 싶은 말 있을 때, 꼭 해야 될 말 있을 때 먹도록 해.”

어느새 내 손바닥에는 고양이 캔디가 놓여있었다. 그리고 이내 인절미 고양이는 눈앞에서 사라지고 없었다. 나는 뭐에 홀린 듯 캔디를 주머니에 넣고 간신히 집으로 돌아왔다. 문을 여니 엄마가 있었다. 오랜만에 보는 불 켜진 환한 집이었다.

“지유 왔니?”

이방 저방 다니며 언니 물건을 챙기느라 바빠 보이는 엄마가 나에게 인사를 건넸다. 나는 말없이 반가운 엄마 뒤를 졸졸 쫓아다녔다.

“아 맞다. 지유야.”

그제야 엄마가 나를 돌아보았다.

“오늘 담임선생님한테 전화 왔었어. 너 국어 수행평가 시간에 아무 말도 안 했다며, 너 수행평가 빵점 맞으려고 그러니? 우리 지유 멋진 꿈 있잖아. 간호사 되어서 아픈 언니 병간호 직접 하고 싶다고 왜 말을 못 했어? 우리 지유 간호사 되고 싶잖아.”

엄마가 말을 이어 갔다.

"내일모레 학부모 공개 수업 있잖니? 그때 다시 한번 발표하는 시간을 가질 거래. 지유가 그때 발표를 잘하면 오늘 수행평가 점수에 반영을 해주겠다고 하네? 잘 준비해 보자. 오케이?"

나는 끄덕끄덕 고갯짓으로 대답을 대신하였다.

"아, 그리고 지유야. 언니가 이 책 좀 꼭 가져오라는데, 언니 수술 잘 받으라고 이 책 선물로 주는 건 어떨까?"

내가 제일 좋아하는 그림책이 엄마 손에 들려 있었다. 악동 고양이가 나와서 모든 걸 다 제멋대로 하는 그림책. 까미가 없는 요즘 나는 이 책을 따라 그리며 허전함을 달래곤 했었다. 나는 엄마에게 이 책은 내 거라고 말하고 싶었다. 언니에게 주고 싶지 않았다. 하지만 나는 아픈 언니를 돌봐주어야 하는 안 아픈 동생이니까 언니에게 주는 게 맞았다. 나는 이번에도 대충 고개를 끄덕이고 내 방으로 몸을 숨겼다. 체한 것처럼 속이 꽉 막혔다.

다음날 등교하자마자 인절미 고양이를 찾아다녔다. 층마다 복도 구석구석 찾고 또 찾았다. 말하는 고양이를 다시 만나보고 싶었다. 또 애들이 흘린 장난감을 먹고 어디 아프진 않은지 걱정도 되었다. 하지만 인절미 고양이는 어디에도 없었다. 그때마다 나는 고양이 캔디를 한 번씩 꺼내 보았다.

드디어 학부모 공개 수업 날이 되었다. 그리고 오늘은 언니의 수술 날이기도 했다. 밖에는 비가 주룩주룩 내리고 있었다. 부모님의 응원을 받고 싶었지만, 아빠와 엄마는 언니 수술로 분주했다. 그리고 나는 불안했다. 앞에 나가서 아무 말도 하지 못할 내 모습이 자꾸 상상되었다. 어쩌면 오늘이 언니 수술 날이라 다행이라는 생각도 들었다. 아무 말도 하지 못하고 가만히 서 있는 내 모습을 부모님이 보기라도 하면 더 실망할 테니까.

"자, 다음은 이지유."

내 차례가 되었다. 교실은 고요했다. 밖에서 들려오는 빗소리가 더욱 선명하게 들렸다. 나는 자리에서 일어나 교실 앞으로 나갔다. 그 순간 뒷문이 스르륵 열리더니 엄마의 얼굴이 내 두 눈에 선명하게 비쳤다.

'엄마?'

검정 재킷을 입은 엄마가 비에 젖은 듯 보였다. 헐레벌떡 뛰어온 게 분명했다. 언니 병원에 있어야 할 엄마가 어떻게 나에게 왔는지 모르겠다. 그런데 나는 기뻤다. 엄마와 눈이 마주쳤다. 엄마는 내 차례가 지나지 않아 다행이라는 듯 안도하는 것 같았다. 나에게 와준 엄마를 기쁘게 해주고 싶었다. 미리 적어놓은 '나의 꿈은 간호사입니다.' 발표를 잘 하고 싶었다. 하지만 역시나 목소리가 나오지 않았다. 얼굴이 빨개졌다. 엄마 얼굴을 쳐다볼 수 없었다. 나 때문에 실망하는 엄마의 모습을 상상하니 교실이 흔들리는 느낌이었다. 손바닥에 땀이 한가득 차올랐다. 더 이상 종이를 들고 있을 수 없어 종이를 잠시 내려놓고 손을 쓱 닦으려는 순간 무언가 톡톡 만져졌다.

'아 고양이 캔디!'

긴장한 탓에 잠시 잊고 있었던 고양이 캔디였다. 순간 고양이가 했던 말이 떠올랐다. '꼭 하고 싶은 말이 있을 때 먹도록 해!' 나는 주머니에서 캔디를 꺼내 반짝이는 샛노란 색 비닐을 돌렸다. 캔디만 쏙 빠졌다. 캔디를 집어 입에 넣자 순간 따끔할 정도로 톡 쏘는 청량감과 시원한 민트 향이 입안을 가득 채웠다. 머리를 지나 온몸으로 퍼져가는 기분이었다.

"제 꿈은 수의사입니다."

그동안 굳게 닫혀있던 말문이 시원하게 터졌다. 나는 침을 한번 꼴깍 삼켰다.

"수의사란 아픈 동물을 치료해 주는 의사입니다. 저희 집에는 까미라는 러시안 블루 고양이가 있었습니다. 어느 날 까미가 큰 사과를 몰래 가져가 씹지도 않고 꿀꺽 삼키려고 했습니다. 저는 그때 TV에서 봤던 의사 선생님 말이 기억나 응급처치를 해주었습니다. 그 후로 왠지 모르게 까미가 저를 더 좋아하는 것 같았습니다. 저는 까미의 눈을 보고 있으면 무엇을 원하는지 알 것만 같았습니다. 지금은 언니가 아파서 같이 있지 못하지만 저는 아픈 동물을 치료하는 수의사가 되어 까미를 다시 잘 돌보고 싶습니다."

큰 함성과 박수 소리가 여기저기서 터져 나왔다.

"멋지다. 이지유!"

"잘했다."

친구들의 소리가 들렸다. 담임선생님도 흡족한 듯 웃었다. 그제야 나는 뒤에 서 있는 엄마를 쳐다볼 수 있었다. 엄마는 웃으며 울고 있었다. 박수를 치다가 나와 눈이 마주치자 엄지 척을 보이며 잘했다고 입모양을 보였다. 나는 어젯밤 미리 적어놓은 종이와는 전혀 다른 꿈을 발표하였다. 나만 알고 있던 진짜 내 꿈이었다. 너무 신기했다. 그리고 날아갈 듯 몸이 가벼웠다. 그렇게 학부모 공개 수업이 끝나고 엄마 차에 올라탔다. 어느새 비가 그치고 하늘이 맑게 개어 있었다.

"지유. 오늘 발표 정말 잘하더라. 멋졌어."

"내 꿈이 간호사가 아니라 실망했지. 엄마."

"아니야. 엄마가 미안해. 지유가 되고 싶은 게 따로 있는지 몰랐어."

엄마가 나를 꼭 안아 주었다. 까미한테서 느끼던 온기가 오랜만에 느껴졌다. 따뜻했다.

"오늘 지유 발표하는 거 꼭 보고 싶어서 엄마가 학교로 달려왔어. 늦게 와서 미안해. 많이 기다렸지?"

"아니, 엄마 당연히 못 오는 줄 알고 있었지. 그런데 엄마가 와서 깜짝 놀랐어."

나는 활짝 웃었다. 말을 하니 답답했던 목구멍이 뻥 뚫리는 기분이었다. 마음이 시원했다. 엄마가 나를 다시 안아 주었다. 엄마와 나는 언니 병원으로 향했다. 아빠가 수술실 앞을 지키고 있었다. 나는 오늘 학교에서 있었던 일을 쉴 새 없이 아빠에게 말했다. 언니의 수술도 성공적이었다. 수술을 마치고 나온 의사에게 아빠와 엄마는 연신 고개를 숙이며 "고맙습니다. 고맙습니다." 인사를 하였다. 나도 고마웠다.

회복실에 누워있는 언니와 인사를 나눴다. 큰 수술을 이겨낸 언니가 대견하고 멋졌다. 나는 아빠 엄마와 저녁을 먹기 위해 식당으로 내려왔다. 저녁을 먹는 동안 캔디 생각을 했다. '고양이가 준 캔디를 먹었으니까.' 라는 생각에 아직 내 몸 어딘가에 남아있을 용기를 다시 한번 꺼내 올렸다.

"아빠, 엄마! 나 까미 다시 키우고 싶어. 까미는 우리에게 정말 소중한 가족이잖아. 그리고 내 꿈이 수의사인데 집에 동물이 한 마리쯤 있어야 하지 않을까?"

나는 캔디 효과에 의지하여 당차게 내 마음을 표현하였다. 언니가 아픈 이후로 부모님에게 내 마음을 표현하는 게 어려웠었다. 언니를 돌보느라 고생하는 부모님에게 나까지 짐이 되고 싶지 않았기 때문이다. 내 이야기가 끝나자 아빠와 엄마가 웃으며 나를 바라봐 주었다.

"그래. 지유야. 집에 가는 길에 고모네 들러서 까미 데려가자꾸나. 여보. 누나한테 전화 넣어놔. 지금 까미 데리러 간다고."

아빠가 말하였다. 나는 뛸 듯이 기뻤다.

"그래. 지유야. 엄마가 지유에게 묻지도 않고 까미 보내서 미안해. 여보. 고생했어요. 어서 지유랑 까미 데리고 들어가 좀 쉬어요."

그렇게 아빠와 나는 고모네로 향했다. 가슴이 벅찼다. 고양이 캔디는 분명 마법 약이 틀림없었다. 뭔가 사이다같이 시원하면서 머리가 맑아지더니 목구멍이 뻥 뚫리는 기분이었다. 내 마음을 표현할 수 있어 기뻤다. 그동안 영영 내 목소리를 들을 수 없을 것만 같아서 무서웠다. 고양이 캔디는 신기한 마법이었다. 나에게 꼭 필요한 약이었다.

"내가 까미를 데려오고 싶다고 먼저 말을 하다니! 고양이 캔디 효과 정말 최고야! 만약 학교에서 다시 인절미 고양이 만나면 캔디 좀 더 달라고 해야겠어."

까미를 데리러 가는 차 안에서 신이 난 나는 종알 종알 말을 멈출 수가 없었다. 그동안 까미가 없어서 얼마나 허전했는지 아빠에게 한바탕 이야기하였다. 그리고 까미와 함께 집으로 오는 내내 꿈만 같았다. 밤 하늘의 별이 내 마음처럼 반짝반짝 빛났다.

집에 도착하자마자 나는 제일 먼저 까미의 물그릇과 밥그릇을 가득 채워주었다. 내 마음도 가득 차올랐다. 까미는 혓바닥으로 물그릇을 핥으며 찰랑 찰랑 소리를 냈다. 오랜만에 듣는 까미 물먹는 소리가 노랫소리같이 들렸다. 침대에 누워 눈을 감자 캔디를 먹었던 그 순간이 떠올라 온몸에 전율이 느껴졌다. 포근하게 이불을 감싸 안으며 잠이 들었다.

다음날 아침. 눈을 뜨니 내 침대 밑에 허리를 꼿꼿이 세우고 앉아 있는 까미가 눈에 들어왔다. 나는 까미에게 이리 오라고 손짓하였다. 나와 눈이 마주친 까미는 기다렸다는 듯이 내 침대로 사뿐히 뛰어올랐다. 그르렁 그르렁 소리를 내며 내 품에 몸을 비볐다. 말랑 말랑한 까미의 두 발을 만지고 있으니 내 마음도 사르르 녹는 것 같았다. 학교 끝나고 곧장 집으로 오겠다고 까미와 약속한 후 가벼운 발걸음으로 학교로 향했다. 학교에 가니 친구들이 나에게 자기가 키우는 반려동물 이야기를 하기 시작했다.

"지유야. 우리 집 강아지가 자꾸 똥을 먹어. 왜 그런지 알아?"

옆에서 듣고 있던 애들이 더럽다며 난리가 났다. 우리는 같이 웃었다. 나는 1인 1역으로 분리수거를 하러 1층으로 내려갔다. 그런데 그때, 그 고양이가 다시 나타났다.

"어이! 초딩. 오랜만."

나에게 인사하는 인절미 고양이의 두 눈이 한 번씩 반짝였다.

"발표는 잘 했고? 캔디 효과 기똥찼지? 어때? 약효가 딱 5분이었는데, 5분 동안 발표는 잘 했겠지?"

말이 빠른 인절미 고양이의 입술과 수염도 이리저리 바쁘게 움직였다. 그런데, 가만히 듣고 보니 약효가 5분이라고? 나는 캔디 효과가 단지 5분밖에 되지 않는다는 말에 놀라 얼음이 되어버렸다.

"왜, 또 하고 싶은데 못 한 말이 남았어? 아주 그냥 노란색 신호등처럼 말할까 말까, 갈팡질팡 답답하구먼!!"

거침없이 쏟아내는 고양이의 말이 잘 들리지 않았다. 고양이가 준 마법의 캔디 효과가 5분이라는 생각에 내 머릿속이 멈춰버렸다. 분명 까미를 데려오자고 말한 건 캔디를 먹은 지 한참 지난 저녁 시간이었는데…….

"야, 너 설마 효과가 하루 종일 갈 거라고 생각했냐? 풋, 재밌는 녀석 같으니라고."

혼란스러웠다. 고양이 캔디는 말을 하도록 도와주는 마법 약이었다. 고양이가 미리 일러주진 않았지만, 효과가 하루 정도는 가겠거니 혼자 생각했었다. 그래서 나는 잠자기 전까지 최대한 많은 말을 할 수 있었다. 자고 일어나면 마법의 효과는 사라질 테니까. 그런데, 그 캔디의 효과는 단지 5분이었다고? 믿기지 않았다.

"아이고, 딱 보아하니 아직 하지 못한 말이 남아있구먼. 널 보고 있으면 내가 고구마 다섯 개는 먹은 것 같이 답답하다. 하지만 난 의리 있는 고양이니까! 너는 내 생명의 은인이니까! 딱 한 개만 더 줄게. 옜다. 캔디 하나 더 받아라!"

지난번과 똑같이 생긴 캔디였다. 고양이 털 색깔과 쏙 빼닮은 반짝이는 샛노란 캔디. 나는 아직 부모님께 하고 싶은 말이 남아있었다. 그래서 이 캔디를 다시 받고 싶었다. 하지만 캔디 효과 없이도 까미를 데려오고 싶다고 자신 있게 이야기했던 어젯밤 내 모습이 스쳐 지나갔다. 나는 캔디의 도움 없이 다시 내 마음을 표현할 수 있을지 의문이 들었다.

"아 아니야. 이제 괜찮아. 그나저나 지난번 캔디 정말 고마웠어. 혹시 학교에서 지내기 불편하면 나랑 같이 우리 집으로 갈래? 우리 집에 까미라고……"

내 말을 싹둑 끊으며 성미 급한 인절미 고양이가 쩌렁쩌렁 울리는 큰 목소리로 이야기하였다.

"아이고. 이 초딩아. 나는 사람의 도움 따윈 필요 없다네. 내가 누구인 줄 알고? 아무튼 마음 써 준 건 고맙고, 앞으로 다시 나를 찾을 일이 없기를 응원한다. 꼬마야!"

고양이는 유유히 사라졌다. 1층 복도 끝에는 메아리처럼 울리는 고양이 목소리와 나만 덩그러니 남아 있었다.

집으로 돌아와 저녁 식사를 마쳤다. 우리 집이 오랜만에 북적이는 느낌이었다. 아빠와 엄마가 앉아있는 소파 옆에 나도 쓱 앉았다. 까미는 허리를 꼿꼿이 세우고 호시탐탐 과일을 노리며 우리 주변을 맴돌고 있었다. 나는 아빠를 한번, 엄마를 한번 쳐다보았다.

"지유 왜? 할 말 있어?"

내가 고양이 캔디 없이 정말 내 마음을 말할 수 있을까? 궁금했다. 확인을 하기 위해서는 용기를 내야 했다. 고양이 캔디는 없었다. 나는 고양이 캔디를 먹었던 때를 상상하며 침을 한 번 꼴깍 삼켰다.

"아빠 엄마!"

목소리가 나왔다. 일단 아빠와 엄마를 부르는 데는 성공하였다.

"응. 지유야."

엄마가 대답했다. 나는 한 번 더 용기 내어 그동안 가장 하고 싶었던 말을 내뱉었다.

"아빠 엄마, 나도 사랑하는 거 맞죠?"

"아빠 엄마, 나도 여기 있어요! 나도 많이 사랑해 주세요."

해냈다. 캔디가 없어도 할 수 있는 거였다. 내 마음을, 내 생각을, 내 기분을 표현하면 되는 거였다.

"우리 지유가 아빠 엄마에게 와준 순간을 아직도 잊지 못해. 지유는 아빠 엄마에게 정말 소중한 딸이란다."

TV를 보고 있던 아빠가 나를 쳐다보며 따뜻하게 말해주었다.

"엄마가 우리 지유 얼마나 사랑하는데, 그동안 언니 아프다는 핑계로 지유한테 신경을 많이 못 써줘서 내내 미안했었어. 하지만 엄마는 지유를 하늘만큼 땅만큼 사랑해."

인절미 고양이를 닮은 동그란 달이 창밖에서 나에게 윙크하는 것 같았다.

작가의 말

박서영

왜 쓰는지도 모르면서 마음이 답답할 때마다 글을 썼다. 그건 일종의 치유에 대한 본능이었는지도 모른다. 하소연처럼 글을 끄적이고 나면 온몸을 푹 적실 것 같던 빗줄기와 나 사이에 우산이 생기기도 하고, 일상을 뒤집어 버릴 것 같던 파도도 즐길만한 풍경이 되었다. '끄적끄적'을 만든 건 그런 이유에서였다. 내 주변의 사람들도 글쓰기를 통해 조금이나마 가벼워지길 바랐다.

읽,걷,쓰 글쓰기 동아리에 선정되고, 나도 작가 프로젝트까지 참여하게 되며 작은 바람에 비해 과분한 성과를 얻게 되었다. 아직도 믿기지 않지만, 그저 끄적이던 우리의 글과 이름이 책에 담겨 출간된다. 이 기회를 발판 삼아 앞으로는 나 혼자 즐거운 글을 넘어, 이름 모를 사람들의 결핍을 위로하는 글을 쓰고 싶다.

감사를 표현하기엔 부끄러운 글이지만 첫 책을 세상에 내놓으며 감사를 전하고 싶은 분들이 있다. 서로의 첫 독자였던 끄적끄적 선생님들, 한 단계 높은 곳으로 우리의 시선을 옮겨 준 김은재 작가님, 아낌없이 지원해 주신 이진미 선생님과 인천 교육청이 없었다면 내 인생에 동화를 쓰는 일은 없었을 것이다. 동심이라고는 티끌만큼도 없는 나에게 따뜻한 아이디어를 선물해 준 딸 예서와 남편에게도 감사를 전한다. 그리고 부모님, 저를 쓸 수 있는 사람으로 키워주셔서 감사합니다.

김지현

"선생님, 첫사랑 이야기 해주세요."

푸릇푸릇한 사랑을 꿈꾸는 사춘기 아이들과 이야기하다 보면, 한 번은 꼭 듣는 질문입니다. 아이들은 수업 시간 공기 중 떠다니는 먼지를 하나하나 따져보며 우주의 진리를 탐구하다가도 '사랑' 이야기가 시작되면 금세 눈을 반짝이고는 합니다. 우리 반 아이들도 마찬가지였습니다. 누가 누구를 좋아하고, 누구랑 사귀는지 간질간질한 이야기를 나누기 시작하면 남자아이든 여자아이든 푹 빠져들어 자그마한 사건에도 울고 웃기 일쑤입니다. 그런 순수한 모습들이 퍽 사랑스럽지만, 그 외에는 도통 관심이 없는 아이들에게 어떻게 하면 책을 읽게 할까를 고민하다 펜을 잡게 되었습니다. 아이들이 좋아하는 연애 이야기라면 그리고 또 담임 선생님이 직접 쓴 이야기라면 어떻게든 한 자라도 더 읽겠지. 쉽게 생각했던 것과 달리 워낙 서툴고 거친 글솜씨라 글을 쓰는 길은 세단으로 오프로드 위를 기어가는 것 같았습니다. 또 갈래길은 어찌나 많은지요. 사소하게는 등장인물의 이름부터 사건 하나하나까지 치열하게 고민하며 써 내려갔습니다. 시간이 흘러 얼마나 왔는지 뒤돌아봤을 때, 내가 이리 돌고 저리 굴러 결국 한 걸음 왔다는 사실을 알고는 정말 울고 싶었습니다. 고작 단편 하나 쓰면서 참으로 길었던 인고의 시간이었습니다. 그런데, 어느 순간부터는 오르막길의 시원한 바람, 상쾌한 기분처럼 가는 길이 즐거웠습니다. 등장인물은 자꾸 나를 닮아가고 이야기에는 내 삶의 조각들이 담겼습니다. 글을 쓰며 어린 날의 나를 마주하고, 때 묻은 감정을 하나씩 벗겨내며 어느새 내가 하고 싶은 이야기를 쓰게 되었습니다. 그러다 보니 읽기만 했을 때는 몰랐던, 쓰면서 비로소 보게 된 멋진 풍경들이 와닿았습니다. 결국 길의 끝에서 만난 것은 제 자신이었습니다. 그 길에서 이정표가 되어주신 김은재 작가님, 제 첫 글 벗으로 같이 걸어주신 우리 선생님들께 큰 감사 인사를 드립니다. 나를 아껴주고 힘들 때 손 잡아주는 친구들과 가족들 덕분에 더 힘을 내서 완주할 수 있었습니다. 사랑합니다.

옥선아

평소 끄적거리는 걸 좋아해서 참여하게 된 모임, '끄적끄적'. 모임에 들어올 때까지만 해도 이렇게 큰 프로젝트에 참여하게 되리란 걸 몰랐다. 그러나 4월의 나는 용감했고, 용기만을 갖고 시작하게 된 이 프로젝트는 혼자 글을 끄적일 때와는 다른 차원의 감정을 느끼게 해주었다. 내 글을 읽는 시간이 헛되지 않게 해야 한다는 중압감, 타인이 글을 읽을 때 느껴지는 약간의 수치심, 내 마음처럼 표현되지 않을 때 느껴지는 좌절감 같은 감정 말이다. 하지만 무엇보다 글 한 편을 끝냈을 때 느꼈던 벅차오름과 후련함은 앞의 감정들을 압도하는 엄청난 파도 같았다.

난 운이 좋게도 마음 맞는 글 벗, 카리스마 있는 리더, 다정하지만 단호한 스승을 만났다. 리더인 박서영 선생님의 다정한 격려, 동료 선생님들의 번뜩이는 아이디어, 김은재 작가님의 꼼꼼하고 사려 깊은 조언 덕분에 내 작품이 세상에 나올 수 있었다. 내가 나만의 세계에 머물지 않고 용기를 가질 수 있도록 도와준 모든 분께 감사하다.

유소희

참여 소감을 작성하는 지금도, 글쓰기에 참여했던 모든 시간도 꿈만 같습니다. 지금도 마음을 표현하는 게 어려운 저는 이번 글쓰기를 통해 내가 진짜 하고 싶은 말이 무엇인지 스스로 끊임없이 묻고, 찾은 이야기를 담담하게 글로 적어 보자고 생각했습니다. 그래서 '고양이 톡톡 캔디'를 쓰는 내내 저의 마음을 돌아볼 수 있는 의미

있고 값진 시간이었습니다.

글쓰기가 시작되면서 어떤 소재로 동화를 써야 될지 막막했을 때, 2020년도에 제가 만났던 한 학생이 생각났습니다. 그 학생은 학교에서는 평범한 아이, 가정에서는 건강한 아이, 그리고 많이 아픈 누나가 있는 아이였습니다. 그때 그 학생을 만나면서 아픈 형제 · 자매를 둔 '안 아픈 아이'에 대한 마음을 느끼게 되었습니다. 그리고 그 학생을 통해, 저의 결핍이 무엇인지 처음으로 깨닫게 되었습니다. 이 글을 쓰면서 그 학생과, 저와, 비슷한 경험을 하고 있는 친구들을 응원하고 싶었습니다.

글을 써본 적이 없었던 저는 글쓰기를 이어갈수록 자신이 없고 부끄러움이 컸습니다. 혼자서는 할 수 없었지만, 함께 하는 선생님들이 있었기에 여기까지 올 수 있었습니다. 무엇보다 우리 모두 끝까지 글쓰기를 완성할 수 있도록 이끌어 준 우리 학교 대표 선생님 감사드려요. 그리고 매 회마다 열정적으로 가르쳐 주시고, 의견 주시고, 합평해 주신 지도 작가님 너무 멋지십니다!! 작가님 덕분에 '고양이 톡톡 캔디'가 완성될 수 있었습니다. 그리고 이렇게 좋은 프로그램을 기획하고, 기회를 주신 인천시교육청과 담당 선생님께 진심으로 감사드립니다. 마지막으로, 편안하게 글쓰기에 집중할 수 있도록 나에게 항상 안정감을 주는 남편과 내 반려견 까미 그리고 우리

가족에게 감사 인사 전합니다.

지윤주

아이들과 프로그램 마지막 시간에 늘 나누는 배움-감사-소망으로 참여 소감을 적어봤습니다.

배움

웹소설 독자의 내공으로 매번 모일 때 마다 번뜩이는 아이디어를 줬던 옥선아 선생님

아이들의 눈높이에 맞는 상황을 생생하게 구현해 내는 김지현 선생님의 글쓰기 표현력

마음과 심리묘사가 가장 잘 와 닿아 마음 쿵! 눈물 찍! 하게 만들었던 유소희 선생님

항상 곁을 지키며 다정하고 꾸준하게 끄적끄적을 응원해 준 진정 숨은 능력자 이상미 선생님

감사

여섯명 선생님의 가르침(?) 덕분에 저는 많이 배우고, 새로운 도전에 끝까지 참여할 수 있게 되어 감사합니다. 학교사회복지사로 학교에 있으면서 복지사, 교사의 구분이 아닌 아이들이라는 같은 분모로

선생님들을 동료로 찐하게 느껴본 첫 경험인 것 같아 감사하고, 학교라는 곳이 더 좋아졌음에 감사합니다.

소망

동화 속 주인공이 되어 여러 가지 생각을 하면서 내가 어떤 방향으로 가고 있는가에 대해서도 생각해 볼 수 있는 기회였습니다. 글쓰기가 얼마나 깊이 있는 사고의 단계인지 조금이나마 알게 되었고, 읽는 것에 그치지 말고 내가 할 수 있는 글쓰기를 꾸준히 해야겠다는 소망이 생겼습니다.

초판 1쇄 2023년 11월 27일 발행
발행처 (주) 작가의탄생
펴낸이 김용환
디자인 박지현
주소 04521 서울시 중구 청계천로 40 한국콘텐츠진흥원 CKL 1315호
대표전화 1522-3864
전자우편 we@zaktan.com
홈페이지 www.zaktan.com
출판등록 제 406-2003-055호
ISBN 979-11-394-1690-9 03810